KB040556

청년,
'리버럴'과 싸우다

진보라고 착각하는 꼰대들을 향한 청년들의 발칙한 도발

청년, '리버럴'과 싸우다

ⓒ 김창인·이현범·전병찬, 2018

초판 1쇄 2018년 1월 2일 발행

지은이 김창인·이현범·전병찬
감 수 이병창
펴낸이 김성실
책임편집 김태현
디자인 채은아
제작처 한영문화사

펴낸곳 시대의창　　**등록** 제10-1756호(1999. 5. 11)
주소 03985 서울시 마포구 연희로 19-1
전화 02)335-6121　　**팩스** 02)325-5607
전자우편 sidaebooks@daum.net
페이스북 www.facebook.com/sidaebooks
트위터 @sidaebooks

ISBN 978-89-5940-666-1 (03300)

잘못된 책은 구입하신 곳에서 바꾸어드립니다.

이 도서의 국립중앙도서관 출판시도서목록(CIP)은
서지정보유통지원시스템 홈페이지(http://seoji.nl.go.kr)와
국가자료공동목록시스템(http://www.nl.go.kr/kolisnet)에서 이용하실 수 있습니다.
(CIP제어번호: CIP2017032671)

청년,

진보라고 착각하는 꼰대들을 향한 청년들의 발칙한 도발

'리버럴'과 싸우다

김창인·이현범·전병찬 지음 / 청년담론 기획

시대의창

추천의 글

미래는 도전하는 사람들의 몫으로 남을 것입니다

"학교는 기업이 아니다!"라는 청년들의 주장에 귀 기울입니다. 소외받고 고통받는 많은 대중을 외면한 채 사회정의를 말하는 기성세대를 비판하고, 청년들의 열악한 일자리를 고민하며 스스로 자퇴하거나 휴학한 김창인, 전병찬, 이현범 20대 세 명의 젊은이가 한국 사회의 변혁을 꿈꾸며 자신들의 생각을 담아 이렇게 책으로 냈습니다.

"신부님께서 성서를 통해 세상을 이해하고 고난받는 모든 이들의 해방을 위해 투신하셨다면, 저는 프로이트를 통해 세상을 이해하고 성해방으로 세상의 변혁을 이루려고 투신한 성해방 실천가입니다. 신부님께서는 저를 이해하실 수 있으신지요?"

얼마 전 고인이 된 마광수 교수가 25년 전에 한 가톨릭 모임에서 자신을 소개한 이 말은 지금도 제 머릿속에 남아 맴돌고 있습니다.

그러나 이 책에 실린 글들은 마광수 교수의 이의 제기와 주장을 훨씬 넘어 지난 70여 년 한국 사회의 민주주의와 통일을 위해 헌신했다고 자부하는 기성세대 모두를 향한 일격입니다.

경제불평등은 갈수록 그 격차가 커지고, 노인빈곤률과 자살률은 OECD 국가 중 최고이며, 젊은이들은 안정된 일자리를 찾

5

지 못해 방황하고 있습니다. 무엇보다 한국 사회의 가장 큰 문제는 남북분단이라는 원죄입니다.

우리 사회공동체 구성원 모두 이러한 문제를 잘 알고 있으며 해결 방안을 찾을 수 있음에도 불구하고 담합과 침묵으로 문제를 방치하고 있다고 이 책의 저자들은 주장합니다.

"박근혜가 구치소로 가고 문재인이 대통령이 되어도 여전히 집회는 평화적으로 선량한 시민들의 이동을 방해하지 않는 선에서 해야 하고, 노조는 극렬주의 귀족들의 연합이고, 빨갱이는 빨갱이입니다. 기성세대들의 정의가 실현된 지금 사회의 모습이 이렇습니다. 정권이 교체되어도 교체되지 않는 기득권자들의 논리 속에서 존재를 인정받으면 그것으로 정의가 실현되고 국가다운 국가가 만들어진다고들 믿습니다.

바뀌어야 하는 것은 정권 이전에 사회입니다. 대통령과 국회의원을 뽑는 사람들이 바뀌지 않았는데 정권이 바뀌면 무엇이 바뀔까요? 변하지 않을 것입니다."

지난 역사에 실망하고 좌절하고 분노한 청년들의 한국 사회에 대한 꿈과 희망이 이 책 곳곳에 배어 있습니다. 많은 분들이 함께 읽고, 시대를 고민하는 계기로 삼기를 바랍니다. 미래는 도전하는 사람들의 몫으로 남을 것입니다. 시대와 역사를 고민하는 우리 시대 모든 청년들에게 따뜻한 사랑과 힘찬 응원을 보내며 함께 고민하고 함께 노력할 것을 다짐합니다.

1970~1980년대 젊은이들의 노래를 바로 지금 새롭게 부르며, 거꾸로 강을 거슬러 오르는 저 힘찬 연어들처럼 아름다운 미래를 꿈꿉니다.

함세웅(천주교정의구현전국사제단 고문)

추천의 글

프롤로그

새로운 진보에 '리버럴'이 설 자리는 없다

1

새로운 진보는 새로운 세대의 등장을 요구한다. '새로운 세대'는 나이가 어린 사람이나 새로운 사람이 아니라 '새로운 생각'을 갖춘 사람을 뜻한다. 새로운 생각은 낡은 사고를 부수는 것에서 시작된다.

낡은 사고를 부수는 작업을 하고 싶었다. '낡은 사고'는 바로 '포스트모던'이다. 이 낡은 사고에 기반을 둔 '낡은 세대'가 있으니 바로 자유주의-리버럴로 일컬어지는 이들이다.

민주주의와 공존, 자유와 합의, 다원주의 등 자유주의가 말하는 가치는 보수가 보수답지 않은 한국 사회에서는 진보적 의제일 수 있다. 하지만 포스트모던이라는 기반을 뛰어넘지 않는 한, 자유주의가 말하는 진보적 의제는 의제로만 머물 뿐 실제 현실에서는 구현될 수 없다. 세계의 지성으로 손꼽히는 슬라보예 지젝의 표현을 빌리자면 "잘못된 방향의 올바른 발걸음"이다.

언제인가부터 한국에서 진보는 유시민으로 상징되는 리버럴이 대표하게 되었다. 개인주의와 자유로운 시장의 공정한 경쟁, 탈국가-탈민족 등 리버럴이 말하는 진보는 개인을 그 어디에도

9

얽매이지 않는 가장 자유로운 존재로 상정함으로써 매력적인 인간관을 제시한다. 하지만 현실에서 살아가는 평범한 사람들은 그리 매력적이지 않다. 먹고살기 위해 고민하고 발버둥치며 힘겹게 살아갈 뿐이다. 이들의 삶과 괴리된 멋들어진 이상론은 더 이상 진보의 대안이 되지 못한다. 삶이 빠진 진보는 관조, 위선, 엘리트 의식으로 수렴될 수밖에 없기 때문이다. 정치는 똑똑한 사람들의 '멋'이 아니라, 평범한 사람들의 '삶'의 문제다.

변화하는 세계에서 우리는 포스트모던-자유주의를 넘어서는 철학적 가치에 대해서 논하고자 한다. 진보진영 내의 끊임없는 갈등과 비전 없는 정치가 바로 철학적 고민이 부재한 탓이라고 믿기 때문이다. 형식에 앞서 내용을 고민해야 한다. 지금은 당연하지만 언젠가 과거가 되어버릴 가치들을 살펴보고, 그 안에서 헬조선이 아닌 다른 미래를 위한 새로운 생각을 탐구해보고자 한다.

2

2016년 여름, 영국은 브렉시트Brexit를 결정했다. 이것이 의미하는 바는 단순히 한 나라가 EU를 탈퇴한다는 사실에 그치지 않는다. 브렉시트는 불안정한 세계경제의 흐름에서 탈피하고, 보호무역을 통해 자국의 이익을 도모하려는 의도를 품고 있다. 세계화라는 명목으로 국가와 국가 간의 경계를 허물고, 경제를 통합하여 이익을 추구해온 신자유주의 질서에서 벗어나고자 함이다.

2016년 미국 대선에서는 도널드 트럼프가 당선되었다. 트럼프는 경제 부문에서 보호무역주의를 주요 공약으로 내걸었다. 금융을 중심으로 한 세계적 규모의 경제를 포기하고 다시 블록경제로 회귀하겠다는 의미다.

두 사례는 신자유주의의 종주국인 영국과 미국이 2008년 미국발 금융위기를 계기로 붕괴가 일어난 신자유주의 경제 질서를 포기한다는 사실을 보여준다. 비정규직, 높은 실업률, 부동산 투기 등 각종 부작용을 양산하며 양극화를 심화시킨 신자유주의는 이제 종말로 치닫고 있다.

신자유주의 질서 붕괴는 경제 부문에서만 변화를 가져온 것이 아니다. 중국은 동북아에서 사드 배치 반대, 동남아에서 남중국해 분쟁으로 미국과 패권 다툼을 벌이기 시작했다. 러시아는 크림반도 합병으로, 유럽은 EU군 창설로 미국 중심의 패권에서 벗어나 독자적인 길을 걷고 있다. 중동의 IS나 남미에서 성공과 실패를 거듭하면서도 쓰러지지 않는 반미좌파정권들 또한 더 이상 미국이 예전처럼 세계를 주무를 수 없다는 사실을 보여주는 증거다. 슈퍼강대국 미국의 시대가 끝난 것이다.

이러한 미국 패권의 몰락은 한 국가의 정치적 패권이 끝난 것 이상을 의미한다. 미국의 패권은 군사력과 돈뿐만 아니라 문화와 철학의 힘으로 유지되어왔다. 따라서 세계의 경제-정치 영역에서 지배 권력이 교체되면 문화와 철학 역시 자연스레 변화한다. 즉, 그동안 세계를 지배하던 미국식 민주주의와 자유주의도 미국의 정치적 패권과 함께 저물고 있다. 세계는 변하고 있다.

3

2016년 겨울, 한국 사회 또한 요동쳤다. 광화문에서 시청까지, 서울에서 제주까지 100만 촛불이 이어졌다. 박근혜-최순실 게이트로 시작된 촛불에선 최순실과 정유라에 대한 이야기뿐만 아니라 세월호, 국정 교과서, 노동법, 여성주의 등 다양한 범주의 논의가 이루어졌다. 여성혐오가 담긴 노래를 부르려던 가수가 촛불 무대에 서지 못하기도 하고, 통합진보당 해산과 이석기 내란 음모조작 사건이 재조명되기도 했다. 이러한 흐름은 분명 헬조선에 대한 대중의 분노가 새로운 변화를 이끌어낸 것으로 볼 수 있다.

그리고 박근혜는 대통령 자리에서 탄핵당했다. 하지만 우리 모두는 알고 있다. 박근혜가 대통령직에서 물러났다고 해서 헬조선이 끝나지 않음을. 해방 이후 청산되지 못한 친일 세력, 가진 자가 더 많이 가지는 경제양극화, 남을 짓밟고 올라가야 성공할 수 있다는 경쟁이기주의 등 우리가 넘어야 할 산은 아직 많다.

그런데 이러한 문제는 구질서, 즉 이전의 방식으로는 해결할 수 없다. 여기서 이전의 방식이란 바로 '낡은 사고', 즉 포스트모던을 말한다. 낡은 사고는 비정규직, 노동법 개악, 청년 실업, 입시 경쟁 등 구시대-구질서를 유지해왔을 뿐, 안정된 삶을 보장하지 못했다. 상대주의와 다양성, 가치의 중립, 개인주의적 자유, 탈공동체화 등으로 드러나는 포스트모던은 겉으로는 좋아 보이지만, 실제로는 사회를 개인과 개인으로 끊임없이 파편화시키고 더 나은 사회로 나아가기 위한 변화를 가로막는다.

새로운 시대는 대통령 하나 끌어내린다고 거저 오지 않는다. 지금이야말로 철학의 문제가 대두되고, 한국 사회가 나아가야 할 방향을 제시해야 할 시기이다. 이러한 새로운 시대-새로운 생각은 '낡은 사고', 즉 '포스트모던'을 부수는 것에서부터 출발한다.

4

박근혜 정권의 물대포에 희생된 백남기 농민을 지키기 위한 서울대병원 농성장, 힘을 보태려고 온 청소년이 담배를 피웠고, 이는 청소년 흡연권에 대한 논쟁으로 격화되었다. 백남기 농민에 대한 '예의'에서 '진보 꼰대'까지, SNS는 뜨거웠다.

한 사건에 한 가지 논쟁만 존재하지 않는다. 다양한 사건이 얽히고, 더 다양한 견해는 SNS에 연일 등장하고 충돌한다. 박근혜 정권을 끌어내리기 위해 '탄핵'이 적절한지 '하야'가 적합한지 토론하고, 페미니즘에 비추어 자신이 한남충인지 아닌지 변명하며, 세상을 바꾸기 위해 어떤 가치를 제시할지 갈등한다. 그런데 치열한 논쟁과 폭발적 의제가 넘쳐나면서도, 현실의 변화는 요원하기만 하다. 도대체 무엇이 이 모든 견해와 토론을 공허하게 만들까?

지식이 전파되고 공유되는 형태는 이전보다 더 광범위하고 호전적이다. 하지만 각자의 의견이 난무하는 담론의 장 안에서도 절대 규칙이 있으니, 바로 상대주의와 다양성의 논리다. 이 절대 규칙은 100명의 사람이 100가지 생각을 가지고 있는 건 당연하고, 서로 다름을 인정하고 조화롭게 살아야 한다고 가르친다. 생각을 하나로 모으는 건 위험하며, 다수가 '같은 생각'을 하는 것은 전체주의에서나 가능하다고 말한다. 모든 생각이 공존할 수 있지만, '같은 생각을 만들자는 생각'만큼은 다름의 문제가 아니라고 경고한다.

하지만 우리는 이미 '같은 생각'을 공유하고 있다. 민주주의를 부정해선 안 되고, 독재는 옳지 않으며, 법은 지켜야 하고, 다양성을 존중해야 한다. 이는 사실 판단이 아닌, 가치 판단이다. 우리는 이미 '합리적'이라고 생각하는 모든 가치가 충분히 '획일화'된 세상에서 살고 있다. '이미 획일화된 합리적인 가치'에 대한 비판은 배제하고 나머지 문제에 대해서만 다양성을 이야기하고 있다는 뜻이다. 이는 '이미 획일화된 합리적인 가치'를 보존하려는 의도 말고는 아무런 의미가 없다. 지금의 상대주의와 다양성의 논리가 사실은 허구라는 말이다.

한번쯤 의심해보아야 한다. '같은 생각'은 과연 누구에게 위험한가? 소수가 다수를 지배하는 방법 중 가장 기본은 다수를 분열시키는 것이다. 지배당하는 다수가 서로 다른 의도와 생각을 가지고 공존한다면 그 자체로 분열한다. 서로가 서로를 설득하려는 노력 없이, 너도 옳고 나도 옳고 우리의 의견 교환은 유의미했다고 평가하며 자족하는 것은 현상을 유지시킬 뿐 변화시키지 못한다. 이는 분명히 기득권—지배하는 소수—에 봉사하는 결과를 초래할 수밖에 없다. 상대주의와 다양성의 논리라는 '절대'규칙은 구질서-구시대를 유지하고자 하는 일종의 '인셉션'일 뿐이다.

100명 중 99명이 1 더하기 1의 답을 다르게 말해도, 1 더하기 1은 2다. A는 검정을 노랑이라 말하고 B는 검정을 파랑이라 말해도, 검정은 검정일 뿐이다. 다양한 견해를 인정하는 것보다

15

중요한 점은 틀린 것을 틀리다고 말하고 옳은 것을 옳다고 말하는 것이다. 그런데 언젠가부터 한국 사회에서는 이것이 '극단적 주장' 내지 '비합리'가 되어버렸다.

그래서일까, 한국 사회에서 진보는 언제부터인가 '주장'을 포기하고 '호소'하고 있다. 스스로 옳음을 증명하기보다는 '정상적' 범주 안에 들어가고자 구걸한다. 왜 생각의 다름을 인정하지 않냐고, 사상의 자유를 보장해달라고, 정치적 자유를 탄압하지 말라고. 진보가 '어떤 생각'을 해서 다름을 인정받지 못했는지, '어떤 사상'으로 '어떤 정치'를 하고 싶어서 탄압을 받았는지 설명하려는 노력은 사라졌고, 심지어 기억도 못하는 것 같다. 사상과 생각을 기치로 내걸어 사람을 모으는 것이 아니라, 세상엔 우리 같은 사람도 필요하다며 다양성의 세계 속에서 똑같이 존중하고 이해해달라고 말한다.

하지만 세상에는 서로 다름의 문제로 편입될 수 없는, '옳고 그름'의 문제가 존재한다. 그러므로 주장하고 논쟁하고 싸워야 한다. '합리적 가치'가 '비합리적 비판'으로 전복되는 것이 '시대의 전환'이다. 시대의 전환을 원한다면 다양성을 넘어서 '옳은 것'을 갈망해야 한다. 그리고 이 '옳은 것'을 다수의 '같은 생각'으로 만드는 과정이 필요하다.

우리가 가장 당연하다고 생각하는 가치들부터 파괴해야 한다. 가장 합리적인 것부터 의심하고 부수어야 한다.

5

존 케이지라는 음악가가 있다. 그의 대표작 가운데 〈4분 33초〉가 있다. 이 작품은 총 3악장으로 구성되어 있는데 각각 33초, 2분 40초, 1분 20초 동안 아무런 연주도 하지 않고 가만히 있으라고 악보에 적혀 있다. 이렇게 가만히 있는 동안 공연장의 소음이나 소리가 우연성을 발휘하여 새로운 형태의 음악을 만들어낸다. 전통적 연주만이 음악이라는 관습적 사고를 깨고, 즉흥성과 우연성을 기반으로 새로운 음악을 구현해낸 〈4분 33초〉는 꽤 파격적이고 혁신적인 시도였다. 포스트모던이라는 예술–철학적 사조를 가장 잘 표현한 작품이기도 하다. 전통이라는 기존의 권위에 저항하고, 일관된 방향성이나 틀 없이 자유롭게 즉흥성을 발휘하여 우연적으로 만들어지는 가치. 이는 포스트모던의 경향성과 일치한다.

포스트모던의 경향성이 음악이 아닌 삶에 적용된다면 어떠할까? 비전이나 방향성 없이 각자 주장하는 가치만이 난무하는 정치. 공동체의 규범이나 구조는 개인의 자유를 억압하며 구속하고, 가장 개인적인 것이 가장 정치적인 것이라고 말하는 철학.

17

진리도 정의도 그 무엇도 날 구속할 수 없다며, 자유로운 영혼으로 살아가는 것이 가장 낭만적이라 말하는 사회. 이런 것이 낡은 시대를 뛰어넘는 진보라고 생각하는 시대. 우리는 지금 여전히 '착각' 속에 살고 있다.

두 차례의 세계대전과 냉전을 거치면서 경제적으로 자본주의, 정치적으로 자유민주주의, 철학적으로 포스트모던의 시대가 도래한 지는 꽤나 오래되었다. 하지만 자본주의, 자유민주주의가 고루하고 진부한 느낌을 주는 데 비해, 포스트모던은 여전히 새로운 가치로 느껴진다. 포스트모던을 정확히 규정하는 범주가 불분명한 이유도 있겠지만, 포스트모던이 거듭 변신하여 다변적으로 퍼져나간 탓이 크다. 새것에 민감한 젊은 세대는 이러한 포스트모던을 진보의 이데올로기로 흡수하고 있다.

바야흐로 포스트모던이 지배하는 시대다. 하지만 포스트모던을 적극적으로 수용해 정치적으로 구현한 자유주의는 진보의 사명을 완수하지 못했다. 세상을 바꾸는 데 실패한 것이다. 조금 더 엄밀히 평가하자면, 더 나은 세상에 대한 비전을 만들기는커녕 지금 시대의 문제를 규명하거나 설명하지도 못했다. 그들은 다양한 영역에서 '좋음'을 다루고 있지만, '옳음'을 추구하지는 않기 때문이다. 자유주의는 끊임없이 자기분열하며 증식하는 세포처럼 계속해서 새로운 진보적 의제를 생산하고 문제를 제기하지만, 현실에선 아무것도 바꾸지 못했다.

우리는 자유주의가 절대적인 것으로 취급하는 포스트모던의 가치를 치열한 논쟁의 링 위에 올리고 싸우고자 한다. 포스트모던의 가치가 전복되고, 자유주의의 논리가 깨지는 것이 진보가 한걸음 더 나아가는 길이라고 믿기 때문이다. 그리고 이러한 철학적 가치를 현실의 삶 속에서 고민하는 우리 청년이 바로 '새로운 세대', 즉 '새로운 진보'임을 선언한다.

"빛과 어둠의 기준은 빛이다." 스피노자는 빛의 영역과 어둠의 영역이 따로따로 있는 것이 아니라, 빛이 있으면 빛이고 없으면 어둠이라고 말했다. 진리와 허위의 기준도 '진리'다. 이 책에서 다루고자 하는 철학적 논의가 한국 사회의 빛과 어둠을 가르고 진리의 정치를 바로 세우는 과정이 되었으면 좋겠다.

차례

1장   포스트모던 자유주의가 세계를 지배했을 때

세계 각지에서 진보의 깃발이 위태롭게 흔들리고 있다. 포스트모던의 시대를 넘어서지 못한 진보의 자유주의적 접근 방식으로는 근본적인 문제를 해결하지 못하기 때문이다. 이와 같은 진단에 앞서, 포스트모던이 정치적-사회적 영역에서 무슨 의미이고, 어떤 한계를 지니고 있는지 살펴보고자 한다.

1. 더 나은 세계는 없다

지금 세계의 진보는 실패하고 있다

세상은 스스로 나아지지 않는다. 수많은 이들의 의지와 재능, 희생과 노력이 세상을 나아지게 만든다. 뒤집어서 생각해보면, 그런 사람들이 없다면 세상은 조금도 나아지지 않는다. 세상엔 그런 사람들이 분명 있다. 그것도 굉장히 많다. 그들은 사회 정의와 변혁을 위해 싸우고 있다. 거리에서 투쟁하는 사람들뿐만이 아니라, 수많은 똑똑한 정치인, 전문가, 지식인들이 더 나은 세계를 위해 치열하게 머리를 싸매고 고민하며 좋은 정책과 제도를 쏟아내고 있다. 어떤 시대와도 비교할 수 없을 만큼 많은 사람들이 진보를 위해서 노력하고 있다. 이것은 부정할 수 없는 사실이다.

그러나 그들의 존재와 노력에도 불구하고, 세상이 나아지고 있지 않다고 말하는 이유는 명확하다. 방향을 잃었기 때문이다. 조금 더 엄밀히 말하자면, 어떠한 방향도 없기 때문이다. 그렇기 때문에 사람들의 노력에도 불구하고, 세상은 나아지지 못하고 있다. 모두가 최선을 다해 노를 젓고 있지만 어디로도 가지 못하는 배, 이것이 우리가 살고 있는 세계의 슬픈 자화상이다. 무無방향성, 그 어디로도 가지 말자는 것. 그것이 시대의 사상이고, 우리는 이것을 '포스트모더니즘'이라고 부른다.

지금, 세계는 표류하고 있다. 유럽은 난민 사태를 해결할 대책을 전혀 지니고 있지 않아 보인다. IS의 테러는 이미 세계인들의 일상 속을 파고들었다. 극동아시아 역시 평화롭지 않다. 불과 10년 전만 해도 곧 통일이 될 것 같았던 남북 간의 분위기는 거짓말처럼 반전되었다. 일본과 한국의 식민 통치, 위안부 문제는 졸속 협상으로 상처가 깊어지고 있다. 북한을 중심으로 한 중국, 일본, 한국, 미국, 러시아의 긴장 상태는 영원히 지속될 것만 같아 보인다. 세계 경제 상황 역시 마찬가지다. 신자유주의는 휘청휘청하면서도 여전히 힘을 잃지 않고 경제적 악순환을 이어가고 있다. 강대국들의 경제조차 전쟁을 제외하고는 성장을 이끌 큰 동력이 없어 보인다.

이렇듯 세계가 위기에 처해 있다면 누군가는 대안을 제시하고 새로운 항로를 찾아야 한다. 하지만 위기의 물결을 타고 부상한 세력은 안타깝게도 비합리성을 공통으로 지닌 극우세력들이다. 8년간 큰 인기를 끌며 자유주의의 상징으로 자리 잡았던 버락 오바마가 나간 자리를 차지한 것은 아이러니하게도 도널드 트럼프이다. 오바마와는 너무나도 대조되는 트럼프는 아마도 세계를 쪼개거나 파괴하거나, 둘 중 하나를 반드시 실현시키고야 말 것만 같다. 동아시아의 핵심 축인 일본 역시 상황은 비슷하다. 아베 신조라는 극우 정권의 집권이 장기화되며 연일 한국인들의

심기를 건드리는 발언을 쏟아내고 있다. 유럽 역시 곳곳에서 극우 깃발이 많은 지지를 받고 있다. 이들은 더 정확하게 말하자면 극단적인 대중영합주의자들이다. 위기 속에서 극단적이고 원초적인 해결책을 제시하며 사람들의 비합리성을 파고드는 세력인 것이다.

한국 사회 또한 암울하기는 마찬가지이다. 사람들은 자신의 삶이 어려우니, 돈을 잘 버는 사람을 대통령으로 만들었다. 그렇게 하면 왠지 나에게도, 국가에도 돈을 잘 벌어다 줄 것만 같았다. 그러나 그 경제 대통령은 집권 후에도 여전히 자신의 돈벌이에만 관심이 있다는 것이 뒤늦게 밝혀졌다. 그다음엔 과거의 독재자를 잊지 못하고 그 딸을 다시 불러들였다. 다시 한번 권위와 권력을 쥐여주면, 그녀의 아버지처럼 강한 리더십으로 나라를 일으킬 것 같았다. 그러나 그녀가 아버지에게서 물려받은 것이 권위의식과 권력욕뿐이었다는 것 역시 뒤늦게 드러났다.

이들의 실패는 다시금 민주개혁세력—리버럴—에 정권을 양도했지만, 그에 대한 기대치와 역할 또한 그리 만족스럽지 못하다. 시사평론가 김어준은 문재인을 지지하는 글을 쓰며 다음과 같이 제목을 달았다. "문재인으로도 천국은 오지 않는다." 노무현으로도 천국은 오지 않았지만 기준을 얻게 되었고, 문재인도 새로운 기준이 되어줄 것이라는 내용이 이어졌다. '나라를 나라

답게'라는 문재인의 대선 슬로건 역시 비슷한 맥락이다. 김어준
의 글과 문재인의 슬로건은 대한민국의 민주개혁세력에 대한 이
미지와 기대치를 보여준다. 나아가서 역량과 한계까지 드러낸
다. 즉, 이들 민주개혁세력의 역할을 이미 거꾸로 돌아갈 만큼
돌아간 한국 사회를 원위치시키는 것으로 한정한다. 기대치가 그
렇고, 이들의 입장이 그렇다. 당연히 진보진영의 관점에서는 만
족스럽지 못할 수밖에 없다. 집권한 민주세력과 이들이 만들 정
부는 냉정하게 말하면, 진보가 아닌 '상식'과 '정상'이다. 한국 사
회의 진보를 이루어내기엔 부족하다. 그렇기에 진보는 이들을 바
라보며 입만 벌리고 있어서는 안 된다. 이들이 만들어놓을 '정상'
적인 사회에서 더 나아가는 것이 진보세력이 떠맡아야 할 역할
이다.

하지만 현재의 진보진영 중 이러한 역할을 자임하거나 인지
하고 있는 세력은 별로 없어 보인다. 오히려 민주세력의 집권이
라는 큰 우산 아래 보호받으며, 혹여나 자신들의 정치적 입지가
외면받을까 대통령에게 쓴 소리 하나 못하고 눈치만 보고 있는
형국이다. 이대로라면 대한민국 진보에 미래는 없을 것이다.

세계 각지에서 진보의 깃발이 위태롭게 흔들리고 있다. 반면
과거의 가치를 지향하는 정치권력이 더 강하고, 굳세게 버티고
있다. 이는 진보가 실패했다는 사실의 반증이다. 진보는 더 나은

비전과 이상을 제시하지 못했고, 실력을 입증하지 못했다. 그렇기 때문에 대중들이 불확실한 미래보다 과거에 대한 향수에 끌려 극우세력을 선택한 것이다. 그렇다면 진보는 왜 실패했을까? 왜 대중들을 설득하지 못하고, 옳은 가치를 구현하지 못했을까? 포스트모던의 시대를 지배하는 것은 진리가 아닌 욕망인데, 진보는 이 욕망에 부합하지 못했기 때문이다.

진보가 실패하는 이유는?

100년 뒤에는 이 시대가 어떻게 평가될까? 중세는 신이라는 관념이 지배하는 시대였고, 근대는 국가라는 개념이 지배하던 시대였다. 그렇다면 지금은 어떤가? 과거 신이나 국가가 차지했던 왕좌를 이젠 돈, 자본이 대체하고 있다는 데에 많은 이들이 동의할 것이다. 그런데 이미 그 적나라함을 드러낸 돈이나 자본이 아닌, 깊이 은폐된 지배권력이 존재한다. 돈보다 더욱 깊은 이면에 자리 잡고 있는 그 지배권력은 바로 '욕망'이다.

인간의 욕망은 쉽게 드러나지 않고 허위와 변명에 의해 짙게 은폐된다. 사람들은 절대적 가치나 당위가 존재해 많은 것을 억눌렀던 과거와 달리 현대사회에서는 절대적인 것, 권위적인 것

대부분이 해체되었다고 여긴다. 만약 그것이 사실이라면, 이들이 사라진 자리는 빈자리로 남았을 것이다. 사람들은 환호했다. 독재자가 다른 독재자로 대체된 것이 아니라 비로소 지배자의 자리가 비었다고. 그 빈자리가 계속 공백으로 남아 개인이 지배당하는 일 없이 주체적 자유를 누릴 수 있을 것이라고 믿었다. 하지만 안타깝게도 모든 것이 해체된 듯 보이는 빈자리에 진정한 자유가 들어서지 못했다. 대신 그 자리를 욕망이 차지했다. 진정한 자유가 아닌, 욕망할 수 있는 자유만이 들어섰다.

포스트모던은 세상에 절대적으로 옳은 가치는 없다고 주장한다. 오직 사회구성원들이 합의를 거쳐 만드는 규칙에만 신성불가침의 가치를 부여한다. 단순하게 말하면 "진리가 없다"고 주장한다.

인류가 존재한 이래 철학의 사명이었던 진리에 대한 갈망이 사라지자, 그 빈자리를 개개인의 욕망이 채우게 되었다. 포스트모던 시대에 사회적 합의의 주체인 개인들은 '옳음'을 기준으로 합의하지 않는다. 개개인 삶에 충실한 '욕망'이 합의의 기준이다. 무엇이 옳고 그른지에 관심을 기울이기보다는 무엇이 나에게 이익인지만 고려한다. 이 욕망은 무한히 커지고 또 절대적이어서 때론 합의를 무력화시키기도 한다. 또한 욕망은 지극히 개인적인 것이라, 사회구조를 바꾸는 위험을 부담하지도 않는다. 철저히 이기적이고 개인적인 욕망으로 지배되는 시대, 이것이 포스트모던의 민낯이다. 극우세력이 욕망을 자극하며 선동하는 데 유능하고, 중도보수세력이 욕망을 보호하고 합리화 혹은 정당화하는 데 유능하다면, 진보는 욕망 앞에서 무기력하다.

　극우세력과 마주한 진보진영의 정치인들은 한결같이 도덕적 지성인을 표방한다. 그리고 대중들에게 정의로운 사람을 선택해 달라며 호소한다. 하지만 대중들은 후보들의 철학이나 가치관, 도덕적 자질을 보고 투표하지 않는다. 대중들은 진보가 제시하는 고귀한 가치들에는 관심이 없다. 오히려 도덕적 자질이나 철학보다는 원초적인 감정을 기준으로 투표하는 경우가 많다. 이것이 대의 민주주의representative democracy의 본질이다. 사람들은 '내 삶'을 바꾸는 대통령을 원한다. 이것은 매우 긍정적인 문구로 보인다. 그런데 이 문장을 한 꺼풀 벗겨보면 자신의 욕망에 따라 투표한다는 뜻이 될 수도 있다. 여기서 말하는 욕망은 합리적 추론에 따른 경제적 의사결정이 아니다. 독재자에 대한 향수, 돈에 대한 집착, 60여년 전의 전쟁에 대한 공포, 강대국의 권위에 기대고 싶은 심리, 신분 상승의 욕구와 같은 것들이 진정으로 사람들의 마음을 움직이는 것들이다. 이러한 트라우마나 원초적 감정 등을 욕망이라고 통칭하자. 욕망은 세대가 바뀜에 따라 모습만 변할 뿐 결코 사라지지 않는다.

진보라고 자부하는 이들 중 일부는 대중들의 욕망을 비판한다. 1% 기득권을 제외한 99%의 대다수 대중들로서는 보수가 아닌 진보를 찍는 것이 합리적 의사결정인데, 보수를 찍어 자신의 계급을 배반한다는 것이다. 계급 배반 투표는 계급이 은폐된 사회구조를 모르기 때문에 발생한다고 말한다. 그래서 이를 대중들에게 알려야 하고, 교육수준과 시민의식이 올라가면 진보가 승리할 수 있다고 주장한다. 하지만 이와 같은 주장은 전제와 결과, 둘 다 틀렸다.

우선 전제로서 작용하는 "대중들의 수준이 낮은 것이 패배의 원인"이라는 믿음은 헛되다. 대중의 수준을 떠나서, 합리적 의사결정이라는 것이 애초에 선거에서 중요하게 작용하지 않는다. 시민의식은 대중들을 고귀한 존재로 만들지 모르겠지만, 그들에게 돈과 밥을 주지는 않는다. 대중들이 아무리 가치에 따른 선택을 하고 싶더라도, 자신의 삶이 걸린 결정적 의사결정에서는 필연적으로 본능이나 이기적 욕망을 따를 수밖에 없다. 대중영합주의 populism 현상과 기득권 세력의 집권 과정에서 이런 현상을 쉽게 볼 수 있다.

심지어 민주개혁세력이었던, 지지율 2%에서 대통령의 자리까지 오른 입지전적인 인물 고 노무현 전 대통령의 집권에서도 이러한 모습을 찾을 수 있다. 그는 물론 그 나름대로의 옳은 가치를 주장하며 자신의 삶과 능력으로 많은 것들을 증명해나갔다. 하지만 '노사모'라는, 마치 연예인 팬덤처럼 대중적 사랑이라는 돌풍을 일으켜 집권까지 나아간 과정은 결코 이성적으로 예측하고 파악할 수 있는 것이 아니었다. 노무현이라는 인간과 그 삶이 불러일으킨 매력이 수많은 대중들에게 원초적 사랑을 이끌어낸 현상이었다.

두 번째로 결과의 문제다. 시민의식이 고양되면 자연스레 진보가 집권할 것이라는 헛된 믿음은 무기력한 망상이다. 흑인 대통령 오바마를 탄생시켰던 미국인들이 갑자기 시민의식이 낮아져서 트럼프를 선택한 것일까? 시민사회 진보 계열에서 이상으로 삼는 유럽에서도 주기적으로 극우 대통령이 탄생한다. 한국 사회도 마찬가지다. 대통령 직선제가 성취되어 87년 체제가 확립된 이후 20년이 흘렀다. 대한민국은 그사이 눈부신 발전을 이루었고, 동시에 평균 학력과 교육 수준이 월등히 성장했다. 그때와 비교했을 때 지금의 시민의식이 월등히 높아졌음을 부정하는 사람은 없을 것이다. 그럼에도 불구하고 2017년 장미대선을 제외하고 극우 기득권 정당은 35% 아래의 득표율을 얻어본 적이 없다. 전 국민적 관심으로 엄청나게 높은 투표율을 기록했다고 평가받는 2017년 19대 대선의 투표율은 77.2%였다. 이는 1987년 13대 대선의 89.2%에 비해 10% 이상 낮은 수치이다. 진보정당의 득표율이 지난 20년간 시민의식이 발전함에 따라 상승했다는 수치적 결과는 어떤 선거에서도 찾아볼 수 없다. 즉, "시민의식이 발전하면 투표율이 높아지며, 진보 군소정당들의 세력이 커질 것이다"라는 믿음은 허구이다. 혹은 진보진영의 패배 뒤 항상 들려오는 "사람들이 조금 더 합리적이고 수준이 높았더라면", "맹목적인 여당 투표만 없었더라면"이라는 한탄 역시 그저 실력 부족이라는 진짜 원인을 다른 곳으로 돌리는 변명일 뿐이다. 북풍과 종북몰이의 활약은 1990년대에서 2000년대 초반보다 오히려 2012년에 컸으며, 통합진보당 해산 사건 당시에 극에 달했다. 진보진영이 교육이나 지식 수준을 기반으로 한 시민의식을 탓하는 것은 단지 변명일 뿐이다. 오히려 대부분의 패배는 진보진영의 전략적 오판과 정파 간 분열이 원인이었다.

그렇다면 진보진영은 무엇을 해야 이러한 상황을 극복하고, 대중들의 지지를 얻을 수 있을 것인가? 세상이 바뀌기를 원한다면, 언제나 "무엇을 할 것인가"라는 질문으로 되돌아와야 한다.

지난 2016년 미국 대선 기간 중 미셸 오바마의 클린턴 지지 연설이 화제를 모았다. "그들이 저급하게 나와도, 우리는 품격 있게 간다When they go low, we go high"라는 말로 요약할 수 있는 이 연설은 많은 지지와 환호를 받았다. 이 문장은 현재 진보의 가치관을 잘 표현하고 있다. 즉 품격, 존중, 관용, 합리적 태도를 중요시함을 드러낸 것이다. 그러나 결과는 모두가 알다시피 품격 있던 이들의 패배로 나타났다. 대중들은 클린턴의 품격과 트럼프의 욕망 중 후자를 선택했다. 현실 정치의 냉혹함은 좋은 사람을 필요로 하지 않는다. 옳고 그름과 무관하게 대중들의 욕망에 부합해야 한다.

그렇다면 진보는 어떤 선택을 해야 할까? 대중들의 욕망에 부합하는 정치를 받아들여야 할까? 대다수 대중들의 평범한 삶이 나아지는 것을 지향하는 것이 진보인데, 그렇게 해서는 안 된다는 법은 없어 보인다. 하지만 여기서 말하는 욕망이 도대체 무엇인가를 직시해야 한다. 이것은 대중들의 현실적 삶과는 무관한 욕망, 원초적 이기심이다. 지배세력이 되고 싶은 욕망, 기득권이 되고 싶은 욕망, 자신만 이익을 얻고 싶은 욕망이다. 이 욕망은 지극히 개인적이고 이기적이다. 한 개인의 욕망은 다른 개인의 욕망과 충돌하기도 하고, 어쩌면 한 사회나 집단을 파괴하는 방향으로 나아갈 수도 있다. 기득권의 정치는 이들의 욕망을 모두 채울 수 있다는 기만으로 권력만 유지하면 되지만, 진보는 그렇지 않다. 더 많은 이들의 자유롭고 평등한 사회, 정의로운 사회로 나아가는 것이 목적이므로 욕망에 부합해 당장의 표를 얻는 정치를 해서는 안 된다. 포스트모던과 욕망의 시대에서 진보는 명분이 없다. 대중들의 욕망을 채워주는 시늉도 하지 않으면서 표를 달라고 해야 하기 때문이다. 그렇기에 항상 고정된 소수 지지층의 표만을 얻는 것이다.

이 상황에서 무엇을 할 것인가에 대한 답은 자명하다. 판 자체를 뒤집어야 한다. 지극히 개인적이고 이기적인 욕망을 채워주는 기만의 전략을 택할 수 없는 진보로서는 지금의 판세에서 이길 수 없다. 포스트모던의 시대를 넘어서는 가치를 제시해야 한다. 욕망이 아니라 진리의 정치가 있다는 것을 보여주어야 한다. 이는 지금 정치를 근본부터 재규정해야 한다는 의미이다. 진리의 정치는 결코 리버럴의 정치와 같지 않다. 의견으로서 호소하고, 신사적 태도를 견지하고, 상대주의적 가치를 말하며 합의만을 중시하는 무기력한 진보가 아니다. 욕망이라는 맹목적인 충동에 가려 보이지 않는 대중들의 삶에 다가가야 한다. 대다수 사람들의 삶에 다가서는 것과 욕망을 채워주는 것은 다르다. 개인적이고 이기적인 욕망을 채워주려는 것은 결코 삶의 문제가 아닌 원초적 충동에 호소하는 행위이다.

애초에 진리가 없는 포스트모던의 시대란 올바름을 이야기해야 하는 숙명을 지닌 진보에게는 기울어진 운동장이다. 진보가 어떤 옳음을 이야기하더라도 포스트모던 아래에서 그것은 방향성이 아니라, 하나의 의견으로밖에 남지 않는다. 그리고 의견 간의 대결로 정치가 규정된다면 기득권이 독점하는 정치 구조 아래서 극히 불리한 게임이 시작되는 것이다. 자본가, 미디어, 보수라는 타이틀을 등에 업고 있는 기득권에 맞서 누가 더 많은 사람들에게 자신의 의견을 전달할 수 있느냐로 대결한다면 결과는 뻔할 수밖에 없다.

그래서 이 게임을 지배하는 사고 자체를 깨야 한다. 시대적 사상을 재고하고 정치를 리셋해야 한다. 현실적 문제들과 함께 철학적 가치들도 고민해야 한다. 포스트모던이 말하는 가치의 허구성을 밝히고 진리의 정치가 가능할 때 진짜 진보가 힘을 얻을 수 있다. 그리고 비로소 대다수 대중들의 현실적 삶을 개선하는 변화가 시작될 것이다.

세상을 바꾸지 못한 '리버럴'을 전복하자

현재의 포스트모던 시대에서 진보를 대표하는, 이른바 리버럴이라고 불리는 자유주의 세력은 포스트모던을 적극적으로 수용했다. 포스트모던의 탈권위, 탈중심, 탈권력의 경향성은 이들에게 충분히 매력적이었다. 리버럴은 포스트모던의 기치처럼 낡은 것—근대성—에 반대하였다. 이 낡은 것에는 그동안 진보진영을 대표하던 조직문화, 집단성, 공동체주의 등이 포함되었다. 리버럴에게 진보진영은 '혁신'과 '변화'의 대상이었다. 조직문화는 개인의 자유를 억압하고 구속하는 구태였고 적폐였다. 노동과 계급을 말하는 진보를 넘어, 생태·젠더·동물권 등 다양한 의제들이 소위 '힙'한 담론으로 떠올랐다. 밀양 송전탑 현장에 가서 함께 연대하고 투쟁하기보다는, 환경단체에 매달 CMS로 후원금을 내고 종이컵을 쓰지 않는 등 일상에서의 개인적 투쟁이 더 합리적인 삶의 방식으로 조명받는다. 촛불 들고 총장 퇴진을 외치며 점거농성을 진행하는 대학생이지만, 운동권 총학생회는 혐오한다. 통일은 민족과 역사의 문제보다, 경제와 평화적 이익의 문제로만 치환된다. 조직적 투쟁보다 개인적 저항을 선호하는 경향성, 자신과 같은 주장을 하는 세력을 비난하는 모순적 태도, 공동체의 역사적 맥락에 대한 무관심. 이런 모든 모습들이 리버럴의 다양한 얼굴들이다.

리버럴이 말하는 가치나 주장들이 현실에서 의미 없는 것은 아니다. 오히려 그들이 말하는 가치들은 충분히 '진보적'이고 '유의미'하기도 하다. 하지만 세상을 바꾸기 위한 힘을 지니지는 못하며, 때로는 세상을 바꾸기 위한 과정을 방해하기도 한다. 왜냐하면 이들은 세계의 근본 모순을 찾으려는 노력이 부족하고, 본질에 다가가려는 노력을 '무의미한 행동'으로 치부하기 때문이다. 결국 다원화·다변화라는 가치는 어느 방향으로도 세상을 나아가지 못하게 한다.

포스트모던은 공동체가 아닌, 개인을 중심으로 하는 '개인주의'적 사상이다. 따라서 포스트모던 시대에서는 진보와 보수를 막론하고 개인의 권리와 행복을 최우선의 가치로 삼는다. 이를 침해한다면 그 어떤 공동체적 가치도 부정된다. 그렇다면 공동체에서 살아가던 인간이라는 존재가 개인주의적 사상을 탄생시킨 이유는 무엇일까? 포스트모더니즘이 어떻게 지배적 위치를 차지하게 되었는지, 또 어떠한 역사적 맥락에서 등장했는지 살펴보자.

2. 철학의 위기가
세계의 위기로

어느 시대든, 그 시대를 유지하기 위해선 이를 정당화하는 특정 이념이 필요하다. 누구는 잘사는데 누구는 못산다면, 그에 대한 이유와 당위가 요구된다. 이를테면 지배자는 "세상이 원래 이렇다"라는 그 시대의 지배질서와 사회계급을 대중들에게 납득시켜야만 한다. 그래야만 그 사회를 정당화하고 지배를 공고화할 수 있기 때문이다. 철학은 종종 이러한 사상과 이념을 생산하고, 그 근거를 제시하는 작업을 수행한다.

중세 유럽의 지배질서는 바로 '신'이었다. 중세 유럽은 '신의 시대'다. 왕의 권위는 신으로부터 부여받은 절대적 권력이었고, 그 권력으로 시대를 통치했다. 이를 정당화하는 것이 철학의 역할이었고, "어떻게 신으로부터의 지배를 증명하느냐"가 철학의 은밀한 과제였다. 철학은 '종교의 시녀'였다. 지금의 인간과 세계는 신이 최선을 위해—중세에서 신의 모든 행위는 최선을 향한 것이라 여겨졌다—창조한 피조물이었다. 농노제와 같은 부당한 신분질서, 중세 귀족과 성직자들의 막대한 권력과 부도 신이 최선을 위해 부여한 것이었다. 아무리 부당하고 처참하더라도 이에 저항하는 것은 곧 신에게 저항하는 것이었다. '신'으로부터 구현된 중세 유럽의 시대는 절대 깨지지 않을 것처럼 견고했다.

하지만 영원한 지배는 없었다. 정치적 변화와 전쟁 등을 겪으며 도시화가 진행되었고 부르주아 계급의 성장이 두드러졌다. 다른 한편 자연과학이 비약적으로 발전해 이를 정당화해주며 이성적 주체를 강조하는 철학과 함께 성장했다. 이는 신 중심의 중세 질서를 흔들어놓았고 근대로의 새로운 길을 열었다. 우리는 근대를 산업혁명, 과학의 발전, 제국주의의 시대로 기억한다. 그것을 가능하게 한 이면에는 역시 철학이 있다.

근대철학은 '나'라는 주체와 '이성'을 강조했다. 근대철학은 새로운 시대를 정당화하며, 동시에 만들어나갔다. 신의 피조물에 불과했던 인간은 신이 부여한 이성이라는 권한에 의해 특별한 지위를 가지게 되었다. 오로지 인간만이 신으로부터 이성을 부여받았고, 인간은 자율적으로 스스로와 세계를 구현할 권한을 가졌다고 여겼다.

이성은 그야말로 무한한 힘이었다. 신으로 설명할 수 없었던 수많은 과학적-현실적 난제들도 이성의 힘으로 해결할 수 있었다. 이성을 통한 팽창과 권력에 대한 욕망은 지식과 과학의 시대를 열었고, 그 어떤 시대보다 혁명적인 변화와 부를 만들어냈다. 근대철학은 이성의 보편성과 무한성을 바탕으로 인간을 긍정했다. 이성의 보편성을 말하는 가장 대표적인 근거는 수학적 진리였다. 근대에서 수학은 보편적인 타당성, 확실성, 자명함을 지닌

모범적 학문으로 여겨졌다. 수학적 진리는 수학적 추론과 계산을 할 수 있는 보편적인 능력으로서의 이성이 존재하기에 가능했다. 따라서 수학의 보편성은 곧 모든 인간이 보편적 이성을 가진다는 결론을 이끌었다.

이성의 무한성을 뒷받침한 것이 자연과학이었다. 갈릴레오와 뉴턴으로 상징되는 근대 자연과학의 발전은 철학자들에게 이성에 대한 확신을 제공했다. 인간이 스스로 이성을 통해 자연법칙을 발견한 것은 자연법칙의 창조자(신)에게 더욱 가까이 다가간 것이라는 확신(혹은 착각)을 불러일으켰다. 이것은 기계적으로 운동하는 자연에 비하여 인간이 훨씬 우월한 존재라는 인간중심주의를 탄생시켰다. 인간이 자연을 인식-정복할 수 있게 된 것이다. 이제 자연은 인간의 발전을 위한 도구이자 수단이 될 수 있었다. 베이컨의 "아는 것이 힘이다"라는 명제는 근대의 이데올로기를 대표하는 표현이다. 칸트의 "감히 모든 것을 알려 하라"는 명령 또한 인간의 이성이 계속해서 발전한다면 모든 것을 알 수 있는 수준, 즉 신과 같은 전지적 수준에 도달할 수 있다는 믿음을 암시한다. 근대철학은 이성의 보편성-무한성을 통해 인간이 더 나은 시대를 만들어갈 것임을 한 치도 의심하지 않았다.

하지만 인간 이성에 대한 무한한 믿음은 결국 전쟁과 광기를 낳았다. 인간이 보편적으로 이성을 지니고 있다는 명제를 거꾸로 해석해보면, 이성을 지니지 않은 자는 인간이 아니라는 말이 된다. 유럽에서는 "흑인이 인간인가 아닌가"가 토론거리였던 적이 있다. 영국왕립학술원에서 당대 최고의 학자라는 사람들이 모여 진행한 토론이었다. 그들은 "흑인은 수학을 모르기 때문에 인간이 아니다"라고 결론 내렸다고 한다. 이렇게 근대 초기에는 이성은 백인, 그중에서도 남성에게만 있는 것으로 여겨졌다.

여기서 알 수 있듯이 근대철학은 전 인류를 포괄하는 철학이 아니었다. 무한성과 보편성은 단지 강자의 입맛에 맞는 논리였다. 조화나 공존이 아닌 힘(자연과학, 부)에 의한 사회가 등장했다. 이들이 가진 힘의 무한한 팽창은 긍정되었다. 반대로 약한 국가가 있다면 그것은 그들의 책임이었으며, 강한 자들에 의해 선도되어야 할 대상이었다. 이를 바탕으로 백인 남성들, 유럽의 선진국들에 의한 인종과 지역 간의 구별과 차별은 극단으로 치달았다. 발전된 자연과학과 이성이라는 잣대를 가지고 근대 유럽은 무소불위의 힘을 얻게 된 것이다. 그것을 깊이 살펴보면, 유럽 국가들의 힘이었으며 그 안에서도 결국 지배자들의 힘이었다. 여기에 다윈의 진화론이 사회진화론social darwinism으로 둔갑해 다시 한번 그들에게 힘을 실어주었다. 강한 자, 발전한 자가 이끄는 계몽과 지배는 당연한 것이었다. 국가와 지역 간의 지배와 착취, 즉 제국주의와 파시즘이 시작된 것이었다.

이렇게 시작된 무한착취, 경쟁의 굴레는 쉽게 멈출 줄을 모르다가 두 번의 세계대전이라는 비극적 파멸을 겪고 나서야 멈추었다. 근대철학이 희망했던 것처럼 인간의 이성은 행복을 가져다주지 못했다. 인간은 그렇게 긍정적인 존재가 아니었다. 철학자들은 좌절했다. 한때 찬란하게 빛나는 새로운 문명을 인류에게 제공했던 근대에 대해서 뼈아프게 반성하고 성찰해야 했다. 끔찍한 근대의 기억은 인류의 역사에서 되풀이되어서는 안 될 비극이었다. 근대철학과 정반대 방향으로의 새로운 전환이 필요했다. 이러한 사명을 띠고 새로운 철학, 포스트모던이 등장했다.

포스트모던의 임무, 근대성 '해체'

포스트모던을 명확하게 규정하기는 어렵다. "우리말로 정확히 옮겨지지 않는 이유가 그 자체로 이미 포스트모더니즘의 내용에 대한 많은 의미를 던져주고 있다"[1]라는 말에서 알 수 있듯이, 포스트모던을 하나의 일반적 정의로 명확하게 설명하려는 노력은 오히려 포스트모던의 본질을 해칠 우려가 있다. 하지만 포스트모던을 가로지르는 하나의 방향성이 근대철학에 대한 반성과 성찰에 있다는 것만은 분명하다. 포스트모던은 근대철학의 여러 가지 경향성들에 대한 반성에서 비롯했다. 예를 들어 근대철학에 A라는 경향성과 B라는 경향성이 있는데 이에 대한 반성적 의미로 A′와 B′라는 방향성이 제시된다면, 그 둘이 서로 대립되고 모순되더라도 일반적인 의미에서 포스트모던이라고 볼 수 있는 것이다. 이처럼 포스트모던은 그 자체로 다변적인 성격을 띠고 있다. 본래 예술과 문화 영역에서 시작된 운동적 시도인 만큼 다변적일 수밖에 없기도 하다. 여기서는 그중에서도 정치적 사상으로 발현된 포스트모던에 집중해 논의를 이어가려고 한다.

흔히 사람들은 근대철학을 '이성 중심' 철학이라고 말한다. 따라서 포스트모던은 '이성'과 '중심', 이 두 개념을 해체하는 방식으로 구현된다고 볼 수 있다. 먼저, 근대 이후 많은 철학자들은 이성에 대한 맹신을 거부한다. "이성이 존재하기 때문에 인간일 수 있다"는 명제를 거부한 것이다. 이성을 대신하여 인간의 존재 근거로서 초자아나 무의식 등 새로운 개념을 등장시킨다거나, 이성조차 어떠한 구조에서 만들어진다는 등 여러 가지 철학적 논지가 제시되었다. 이러한 주장들의 핵심은 인간은 이성적이지 않다거나, 이성이 믿을 만하지 못하다거나, 인간의 본질이 이성이 아니라는 것이다. 데카르트는 모든 것을 의심하되 의심할 수 없는 단한 가지를 "나는 생각한다. 고로 존재한다"로 표현되는 '생각하는 나'라는 이성적이고 개인적인 주체라고 말했다. 하지만 현대의 철학자들은 그 명제를 공리로 받아들이지 않는다. 따라서 포스트모던은 어떠한 사안이나 문제에 대해서 이성을 통한 논리적 설명이나 설득을 요구하지 않거나, 중요시하지 않는 경향성을 보이기도 한다. 이것이 현실에서는 진보적 의제를 놓고 감수성에 호소하는 것으로 드러나는 경우가 있다. 인권 혹은 여성 문제에 대해서 "인권감수성, 젠더감수성이 없다"라고 표현하는 것이 그 예이다.

포스트모던은 비이성의 영역을 야만으로 취급하지 않는다. 이성과 비이성을 구분하고 비이성을 야만시했을 때 일어난 역사의 비극을 알기 때문이다. 포스트모던은 구분하는 것 자체를 해체하고, 다원주의pluralism의 시대를 열었다. 포스트모던에 '우월한 것'은 없다. 서로 다름이 당연하고, 이를 인정해야 한다는 것이다. 문명 간, 인종 간, 성별 간, 개인 간의 서로 다름은 이 세상을 구성하는 하나의 원리다. 이에 하나의 질서를 거부하고, 다양성을 인정하고 나아간다. 최근에는 나와 다른 사람에게 그 다름을 바꾸라고 요구한다면 그 내용의 옳고 그름을 떠나 폭력으로 인식되는 것이 상식이다. 그것은 다원주의, 포스트모던적 사상의 성행 덕분이다. 포스트모던으로 인해 진보를 향한 운동적 의제도 다양해졌다. 노동계급을 중심으로 했던 근대의 사회운동은 포스트모던의 시대를 맞아 젠더, 인종, 장애인 등 다양한 소수자에 대한 의제로 확장되었다.

　포스트모던은 근대의 낡은 개념 중 하나를 '중심성'이라고 파악한다. 어느 하나에 중심을 두는 것 자체가 권력화이고, 권력은 결국 사회구성원 모두에게 통제이자 억압, 폭력이 된다는 것이다. 근대의 경향성인 남성중심, 백인중심 등의 모든 패권적 폭력에는 '중심'이라는 개념이 들어가 있다. 그렇기 때문에 '중심성' 자체가 위험한 개념이라는 것이다. 이처럼 중심적 권력을 해체하는 것 또한 근대에 대한 포스트모던적 성찰의 결과였다. 그 결과 포스트모던은 권력 자체를 혐오하거나, 불신하는 경향성을 띤다. 포스트모던의 대표적인 운동이었던 68혁명은 권위에 대한 반발, 기성세대와 제도권에 대한 불신을 상징한다. 이처럼 포스트모던은 권력을 탈피한 변화, 권위와 패권 그 자체에 대한 비판을 주장한다.

　포스트모던은 정치의 영역에서 자유주의라는 이름으로 충실히 구현되고 있다. 자유주의는 개인의 자유를 바탕으로 한 사회의 재구성을 이념으로 한다. 여기서 가장 중요한 개념은 '개인'이다. 사회는 개인을 바탕으로 재구성되는 객체가 된다. 이러한 경향성은 집단이나 공동체에 대한 불신을 탄생시켰다. 나치즘이나 파시즘 같은 전체주의가 극단적으로 집단을 위해 개인을 희생시켰다면, 자유주의는 개인을 위해 집단이라는 개념을 해체시킨다. 개인의 온전한 자유를 억압하는 제도와 시스템을 거부하려는 경향성을 보이는 것이다. 따라서 사회와 제도를 최소화하는 것을 정치의 미덕이라고 여긴다. 포스트모던을 대표하는 문화 중 하나인 히피는 사회와 제도권 등 모든 공동체적 억압을 떠나 개인적 삶을 꿈꾸었다.

포스트모던은 '근대'라는 시대 자체를 해체하고 싶어했고, 그 결과 철학이 포기하지 않으려 했던 선을 넘었다. 진리라는 개념마저 해체해버린 것이다. 진리를 인식하는 방식에 있어 이성이나 계몽 등을 거부하는 것을 넘어서, "진리가 없다"로 나아간다. 극단적 자유와 다원화를 추구하는 포스트모던에게 진리가 없다는 결론은 당연할지 모른다. 그렇다면 우리 시대는, 어쩌면 최초로, 추구하는 가치가 없는 시대가 되어버린 것일까?

철학이 주저앉다

포스트모던이 세계를 지배하면서 우리는 진리가 사라진 시대에 살고 있다. 더 정확히 말하자면 지향하는 가치가 없는 시대가 도래했다. 동서양을 막론하고 철학은 진리에 대한 끊임없는 갈망이었다. 인간은 어디에서 와서 어디로 가는가, 세계는 어떻게 구성되었는가, 올바르게 살아가는 것이란 무엇인가. 이런 문제의식을 전제로 끊임없이 고민하고 토론했다. 그 과정은 치열했으며, 때로는 피도 불사하는 투쟁으로 전환되기도 했다. 그런데 지금은 놀랍게도, 진리가 없는 시대가 등장한 것이다.

진리에 대한 집착이 근대의 실패를 낳았기 때문에, 이성이든 공동체든 진리라는 일—방향적 중심성은 위험한 것으로 간주된다. 그래서 진리의 자리에 다른 것을 대체하기보다는 그 자리 자체를 없애기로 한 것이다. 근대의 실패가 너무나도 비극적이었기 때문일까, 그러한 주장이 옳아서일까. 세상은 이제 진리에 대해서 고민하기를 잠시 멈춘 듯 보인다.

진리를 추구하는 건 어리석은 일이 되었다. 타인에게 열성적으로 진리와 가치를 제시하고 설득하려는 노력은 촌스러운, 시대에 뒤떨어지는 행위로 비추어진다. 아무도 진리나 가치의 방향성을 제시하지 못하고 있다. 제시하는 사람이 있다면 정치적 이익을 위한 선동, 나와는 상관없는 주장으로 비춰지며 배제되곤 한다. 서점의 베스트셀러 자리는 현학적 문장으로 채워져 개인에게 처세술이나 위로를 공급하는 책들이 차지하고 있다. 사람들은 더이상 사회가 나아갈 방향에 대해 고뇌하지 않는다. 그리고 구성원들이 쉽게 합의하지 못하는 수많은 문제들은 가치나 방향이 재고되지 않는 상태로 표류하고 있다. 이것이 과연 긍정적인 현상일까?

정의는 어디에 있을까. 순수한 정의 자체는 현실에서 요원할 뿐 아니라, 존재 여부조차 불확실하다. 그렇다면 우리는 정의가 없다고 단정해야 할까?

여기 서로 사랑하는 연인이 있다고 하자. 아무리 사랑하더라도 연인 간의 영원한 합일은 불가능할지 모른다. 여기 친구의 방문을 반기는 한 사람이 있다고 하자. 아무리 반갑더라도 그 친구를 향한 완전한 무조건의 환대 역시 불가능할지 모른다. 그렇다고 해서 우리는 사랑이 없고 환대가 없다고 하지는 않는다. 오히려 진정한 사랑과 환대는 연인이 서로 합일을 시도하는 것, 친구에게 무조건적인 환대를 베푸는 것 그 자체에 있다. 정의도 마찬가지이다. 그것이 100% 정의인가를 따지기 전에 필요한 것은 그것을 향한 지향과 시도이다. 즉 정의는 어떤 높은 곳에 동떨어져 있는 것이 아니다. 현실에서 정의는 그것을 향한 나아감, 그 자체에 있다.[2]

근대는 실패했고, 실수를 되풀이해서는 안 된다. 근대는 인류 역사에서 다시는 없어야 할 비극을 낳았다. 커다란 충격 앞에서 인류는 좌절했다. 이는 인정할 수밖에 없는 엄중한 현실이다. 하지만 그렇다고 해서 인류 발전의 역사가 끝난 것일까? 끝내야 하는 것일까? 이에는 결코 동의할 수 없을 것이다. 뼈아픈 실수를 극복하고 인류는 생존을 넘어 더 나은 세계로 나아가야 한다. 실패가 끝이 아니라 성찰과 반성이 과정으로서 뒤따라야 한다. 다시 일어서서, 새로운 방향을 찾아야 한다. 주저앉아 있지 말고 새로운 목적지로 걸어가야 한다. 그래야만 이전의 실수를 극복하면서도, 더 나은 미래가 가능하다. 그래야만 힘 있는 자들뿐 아니라 약자들도 행복하고 자유로워질 수 있다. 그래야만 아이들에게 더 나은 세계를 물려줄 수 있다. 적어도 이러한 정의에 동의한다면, 정의는 바로 그것을 향한 '나아감'에 있기에 결코 멈추어선 안 된다. 인간은 결국 죽더라도, 살아간다.

포스트모던은 이제 자신의 역할을 다했다. 포스트모던으로는 어떠한 나아감에도 열정을 부여할 수 없다. 포스트모던 시대의 사람들은 '나'를 위한 변화에 잠시 들끓었다. 하지만 그 열기는 '나의' 요구가 어느 정도 받아들여지기만 한다면, 허무하게 사그라들 수밖에 없다. 애초에 근본적으로 근대철학에 대한 반대급부가 본질이었기에, 어떠한 유토피아적 대안을 내놓을 수 없다. 즉 새로운 사회, 더 나은 사회로의 이행 자체가 싹틀 수 없는 사상인 것이다.

포스트모던은 좌절을 대변하는 철학이다. 무엇을 의도하든 간에 주저앉음이라는 필연적 귀결을 내포하고 있다. 지금은 이것이 지배적인 시류일지 모르지만, 이 역시 역사의 한 과정일 뿐이다. 근대라는 정正에 대한 반反이 포스트모더니즘이라면, 이제는 합合을 찾아야 한다. 권위도 아니고 무無도 아닌, 더 정의로운 것을 향한 지향을 회복해야 한다.

3. 포스트모던의 기만

'합의절대주의'라는 함정

포스트모던의 세계에서는 그 어떤 것도 '나', '개인'보다 우선하지 않는다. 그것이 국가이든 민족이든 진리이든 상관없다. 오로지 자유로운 개인만이 제일 우선으로 존재할 뿐이다. 그렇지만 인간은 혼자 살아가는 존재가 아니기에 자유로운 개인들이 함께 살아가려면 어느 정도 약속이나 규칙이 필요할 수밖에 없다. 개인을 우선으로 치고 어떠한 방향이나 가치가 없는 상태에서 사회적 규칙이 어떻게 유지되고 정당화될 수 있을까? 포스트모던은 이에 대한 대답으로 '합의'를 제안한다. 합의는 사전적으로 '서로 의견이 일치함'을 의미한다. 세상에는 오로지 자유롭고 합리적 개인들만이 존재하고 어떤 것도 그보다 우선하지 않는다. 그렇기에 의미와 정당성을 지니는 것은 오직 개인들 간의 합의뿐이라는 것이 포스트모던 자유주의의 핵심적 정치사상이다. 근대의 사회계약설contrat social에서 출발한 이러한 사상은 현대에 들어오며 롤스와 하버마스 등에 의해 이론적으로 꽃을 피웠다. 즉, 포스트모던 자유주의 정치사상 아래에서 합의는 사회 구성을 위한 유일하고 절대적인 권위를 가지게 된다. '자유로운 개인들의 합의를 통한 사회'가 이들이 생각하는 가장 합리적인 모델이다. 그런데 여기에서 세 가지 문제점을 생각해볼 수 있다.

첫 번째는 '자유'와 '합의'라는 두 개념의 내적 충돌이다. 먼저 자유라는 개념부터 자세히 살펴보자. 자유는 소극적 자유와 적극적 자유로 구분될 수 있다. 소극적 자유는 '~로부터의 자유'로써 보통 근대에서 추구되었던 자유이다. 이를 쟁취하기 위해 근대 민중운동은 존재하는 외적 제약들로부터 최대한 벗어나려는 투쟁을 벌였다. 반면 근대를 넘어서려는 움직임인 포스트모던은 한발 더 나아가려 했다. 외적 제약으로부터 벗어남은 물론, 내적 규범도 모두 없애려 했다. 이를 위해 포스트모던은 욕망에 의지할 수밖에 없게 된다. "모든 내적 규범을 없애자"라는 낭만적으로 보이는 구호의 민낯은 바로 욕망의 해방이었다. 제약이나 규범이 없다는 것이 반드시 주체적 자유를 의미하는 것은 아니다. 사람은 결국 동물이기에 욕망이라는 감정에서 벗어날 수 없다. 모든 제약이 사라진 인간에게는 결국 욕망만이 남는다. 욕망하는 개인이 합의라는 개념과 공존할 수 있을까? 욕망의 자유가 커질수록 합의를 깰 가능성을 높인다. 욕망은 합의를 깨려 하고, 합의는 자유를 구속한다. 자유가 보장되지 않는 합의는 합의가 아니다. 물론 합의가 지켜지는 한에서는 상식적인 사회가 유지된다. 하지만 현실 세계에서는 결코 모든 것이 합의되지 않는다. 대립하는 정당끼리 합의를 말하다가도 결국에는 의원 수와 몸싸움으로 법안을 통과시키는 보기 흉한 광경을 우리는 항상 목격해왔다. 국가 내의 정치 싸움은 그나마 나은 편이다. 국가 또는 종교 간 대립은 그와 비교도 되지 않는 폭력으로 점철되어 있다. 대표적인 예로 9.11 테러가 있다. 그 이후로 진행된 초강대국 미국의 비평화적 전쟁과 침략 앞에서 포스트모던 자유주의자들은 무기력했다. 포스트모던 자유주의는 폭력적 형태로 드러나는 욕망의 분출을 통제할 명분이 없기에, 합의가 이루어지지 않는 영역에서는 어떤 힘도 발휘하지 못한다.

두 번째로 합의 이전에 존중해야 할 공동체적 가치가 존재한다. 예를 들어 우리는 자신의 선택과 무관하게 가족이라는 공동체 내에서 태어나고 길러진다. 그 누구도 자신의 가족을 선택하지도 동의하지도 않았다. 절대 다수의 사회구성원들은 최소한 성인이 될 때까지 가족이라는 공동체로부터 절대적 영향을 받는다. 대다수는 이 공동체를 원만하게 유지하거나 발전시키려고 한다. 국가 역시 마찬가지이다. 우리가 국가를 선택하거나 합의하지 않는다. 국가, 민족, 가족 등의 집단이나 공동체에는 각각의 역사적 맥락이 존재한다. 이 역사적 맥락은 집단 구성원들과 무관하지 않으며, 그들의 정체성을 규정짓는 결정적 요소로서 작용한다. 그리고 개인의 의지로 집단이나 공동체를 거부하거나 탈퇴하는 것은 현실적으로 매우 어렵다. 그렇기 때문에 구성원이 속한 집단이나 공동체의 맥락을 무시하고 이들을 단순히 합의 절차

1장 포스트모던 자유주의가 세계를 지배했을 때

를 통한 계약 관계로만 인식하는 것은 지나친 비약이다. 집단이나 공동체는 고유의 지향하는 가치나 목적을 가지고 있다. 국가는 국가구성원의 권리와 행복을 책임져야 하고, 노조는 노동자들의 권익을 보호해야 하며, 학교는 학생들의 교육 전반을 담당한다. 만약 구성원이 그 집단의 본래적 목적이나 역할을 배반하는 행동에 동의하고 합의한다고 하더라도, 이는 받아들여질 수 없다. 그것은 집단의 와해를 뜻하기 때문이다. 집단의 성격이 변할수는 있어도, 그 집단의 본래적 목적과 역할이 변하는 것은 존재근거가 부정되는 문제이다. 적어도 그 집단에게는 합의라는 절차로 변화시킬 수 없는, 합의 이전에 존재하는 가치가 존재한다는 것이다. 공동체적 맥락이나 가치를 무시하고는 합의 자체가 불가능하며 무의미하다.

세 번째로 현실 속 합의 과정에서 배제되는 대상을 만들어낼 수밖에 없다. 이는 필연적으로 폭력적 대응으로 귀결된다. 모든 구성원이 완벽하게 동의하지 않는 한, 합의에는 배제당하는 대상이 존재할 수밖에 없다. 현실에서 만장일치로 합의가 결정되는 경우는 거의 없기에 대부분의 결정은 다수결의 원칙을 통해 이루어진다. 이 합의 과정에 동의하지 않았던 구성원들에게는 합의 내용을 강제로 받아들이거나 집단 자체를 떠나거나, 두 가지의 선택지만이 남는다. 아무리 소수의 의견을 존중하려는 노력이 동반된다고 하더라도, 궁극적으로는 두 가지 선택지밖에 남지 않는다. 이러한 합의와 결정 과정은 일종의 폭력적 형태를 수반할 여지가 있다. 물론 일반적으로는 다수결 원칙이 상식적 결론을 이끌어내지만, 사안에 따라서는 크게 다를 수 있다. 단체주문을 할 때 콜라와 사이다 중 하나를 고르는 문제는 다수결로 충분히 합의할 수 있다. 하지만 전쟁에 참전할 것인가 말 것인가의 문제는 '합의'와 '다수결'만으로는 간단히 결정할 수 없다. 이럴 때 바로 합의에서 배제된 사람들 또는 합의의 대상이 아닌 사람들에게는 폭력과 강요가 따른다.

합의의 모순은 정작 중대하고 심각한 문제에 직면했을 때, 대안이나 해명 없이 무기력 상태를 부르곤 한다. 대표적으로 유럽의 난민 사태가 있다. 밀려드는 중동의 난민 앞에서 유럽의 리버럴들은 모든 난민을 무조건적으로 수용할 수도 없는 현실적 상황과, 휴머니즘에 입각해 난민을 방치해서는 안 된다는 딜레마 앞에서 어떤 해결책도 내놓지 못한다. 이렇게 포스트모던 자유주의자들이 침묵할 수밖에 없을 때, 크고 심각한 문제들이 생겨난다. 현실은 합의되지 않고 배제되는 대상을 향한 가혹한 폭력을 용인하게 되기 때문이다. 미국과 근본주의 이슬람 세력은 서로를 합의의 대상으로 인정하지 않는다. 그 결과 9.11 테러가 일어났다. 이는 단순히 극단적인 국가 간 대립만의 문제가 아니다. 당연한

듯 보이는 유엔의 인권 조례나 평화 규약은 대화가 된다고 여겨지는 소위 상식적인 국가들—사실은 선진국들—간에만 유의미해 보인다. 기존의 자본주의와 미국 패권 질서에 편입되지 않는 국가들, 자신들만의 문화와 신념을 지닌 국가들은 대화가 안 되는 극단적 폭력 분자로 취급되며 소위 합리적인 선진국들로부터 더 큰 폭력을 당한다. 인간관계에서도 마찬가지 일들이 벌어진다. 합의 자체가 불가능하거나 깨져서 더 이상 대화가 불가능하다고 여겨지는 대상에게 무시와 멸시, 폭력이 매우 일상적으로 가해진다. 일베의 무차별적인 여성·페미니즘 혐오, 종북몰이에 의한 통합진보당 탄압 또한 맥락을 같이한다.

이처럼 합의 자체는 많은 한계를 가지고 있다. 포스트모던이 말하는 것처럼 합의는 완벽하지 않으며, 합의로 이루어진 시스템 또한 문제가 많을 수밖에 없다. 합의는 중요한 사회운영 원리 중 하나일 뿐, 절대적 가치가 아니라는 것이다. 물론 그 어떤 사회나 공동체에서도 합의가 전면적으로 부정되거나 사라질 수는 없다. 서로 다른 개개인이 함께 살아가기 위해서 합의는 반드시 필요하다. 하지만 의미 있는 합의를 위해서라도, 합의 이전에 존중하고 지향해야 할 가치와 진리는 반드시 필요하다. 합의절대주의의 위험성을 견제하는 하나의 기준으로 작용하기 위해서도 필요하다. 합의가 절대적인 규범이 되었을 때, 정작 중요하게 다루어져야 할 가치들이 배제되지 않도록 가치중심성을 회복하는 것이 지금 이 시대에 필요한 처방전이다.

'톨레랑스'라는 위선[3]

홍세화의 《나는 빠리의 택시운전사》라는 책이 1995년 출간되었다. 이 책에서 소개한, 당시에는 너무나 생소했던 '톨레랑스 tolérance'라는 개념은 어느덧 우리와 친숙한 단어가 되었다. 그리고 이제는 한국 사회의 진보 안에서 보편적 대전제 역할을 수행하고 있다. 톨레랑스는 일반적으로 '관용'이라는 말로 번역되는데, 자신과 생각이 다른 사람을 절대적으로 존중하라는 의미를 가진다. 볼테르의 유명한 말, "나는 당신의 의견에 반대한다. 그러나 만일 당신이 그 의견 때문에 박해를 받는다면 나는 당신의 말할 자유를 위해 끝까지 싸울 것이다"는 톨레랑스를 설명할 때 자주 등장하곤 한다. 반대 의견이나 다른 생활방식을 지닌 타인을 대할 때 톨레랑스를 발휘한다는 것은, 간섭하지도 않고 간섭받지도 않는 상태로 그저 인정해주자는 것이다. 서로 다른 개인, 인종, 종교가 함께 살기 위해 유럽사회에서 오랜 기간에 걸쳐 형성된 생활 태도이다. 오지랖, 꼰대 문화, 서열 문화, 공동체 문화가 강한 한국 사회에서 톨레랑스라는 개념은 매력적으로 다가왔다. 하지만 이러한 관용적 태도는 오늘날 명백한 한계를 보이고 있다. 현실에서 벌어지는 다양한 문제들 앞에서 개인이 취하는 관용적 태도만으로는 아무것도 해결할 수 없기 때문이다. 오히려 톨레랑스만을 강조하는 현 세태가 구조적으로 해결해야 할 문제를 개인적 태도의 문제로 환원시켜 문제의 본질을 파악하는 데 어려움을 불러오기도 한다.

2008년 미국은 최초의 흑인 대통령을 당선시켰다. 버락 오바마의 승리는 미국에서 "관용의 승리"라는 이름하에 찬양되었다. 관용을 중시하는 오바마의 태도는 취임식부터 확연히 드러났다. 그는 취임식 기도를 동성애에 반대했던 복음주의 목사와 동성애자인 가톨릭 신부 둘에게 동시에 맡겼다. 얼핏 보면 긍정적으로 보이는 이 상황에서 모순을 발견할 수 있다. 취임식 문제는 동성애에 대한 편견과 동성애자를 동등하게 취급하였음을 보여준다. 즉, 동성애에 대한 편견을 부정하는 것이 아니라 이들과 동성애자가 같이 양립하는 모순적 상황을 만들어냈다.

관용이라는 개념 자체는 권력 관계 앞에서 무기력하다. 외칠 수 있는 가장 강한 구호라고 해봤자 "나의 의견을 무시하지 마라, 나를 존중하라"밖에 없는 관용 담론은 실제적인 지배관계를 바꾸거나 역전시킬 힘이 없다. 이 부분에서 홍세화식의 톨레랑스는 순진한 톨레랑스라는 비판을 면치 못한다. 자본주의 사회에서 미디어, 언론, 전통, 기득권 등에 의해 이미 형성된 지배 관계나 종속 관계 앞에서 톨레랑스는 공허한 외침밖에 할 수 있는 것이 없다. 그저 그 구조 안에서 짓밟히거나 폭력을 당하지 않는 위치를 획득할 수 있을 뿐이다. 기울어진 운동장에서 운동장 자체를 비판하지 않고 자신의 존재만을 인정받자는 것이 톨레랑스의 민낯이다. 이는 정치 이론가 웬디 브라운[4]의 탈정치화 비판에서 더욱 자세히 드러나는데, 이에 주목할 필요가 있다.

브라운은 핵심적인 질문을 던진다. "언제부터 우리는 다양한 사회 문제들의 원인을 불평등과 부정의가 아닌 '불관용'에서 찾게 된 것일까?" 관용 담론이 탈정치화 효과를 낳고 결과적으로 기득권에 봉사하게 됨을 날카롭게 지적한 것이다.

탈정치화 효과란 다음과 같은 것이다. 요즘 들어 관용, 즉 톨레랑스는 다문화, 다종교가 빚는 문제들의 해결책으로 오르내린다. 그러나 관용론자들의 관용적 감수성을 함양해야 한다는 주장은 오히려 사회적이고 정치적인 문제를 개인의 태도와 감수성 차원의 문제로 축소해버린다. 더 나아가서 소수자들이 관용 담론에 따라서 자신들에 대한 인정과 관용을 주장하는 것은 그들 스스로를 정치적 주체가 아닌 수동적 주체에 옭아매는 행위이다. 차이를 가진 소수자들은 그저 기성 구조 아래에 무사히 편입되어 인

1장 포스트모던 자유주의가 세계를 지배했을 때

정받고 관용되면 그만인 존재가 되어버리는 것이다. 이주민, 여성, 동성애자, 흑인, 유대인, 무슬림에 대한 관용은 결과적으로 기존 기득권의 구조에 대한 도전을 견제하고 봉쇄한다.

페미니즘은 요즘 한국 사회 진보 담론에서 그야말로 대세다. 특히 '진보적'이라고 자부하는 젊은 세대들에게 페미니즘은 가장 매력적인 분야다. 각 대학마다 페미니즘을 공부하는 세미나나 학회가 열리고, SNS에서는 연일 페미니즘 담론이 쏟아져 나온다. 그동안 억압당해온 여성들의 분노가 분출되면서, 그들의 삶을—너무 늦었지만—이제라도 '인간'답게 변화시키려는 페미니즘은 한국 사회에서 여러 유의미한 결과를 만들고 있다. 이러한 페미니즘 운동은 현재 한국 사회에서 '젠더감수성'이라는 표현으로 대표되곤 한다. 젠더감수성은 말 그대로 젠더문제에 대한 감수성이며, 성정체성담론에 대한 이해 정도라고 볼 수 있다. "한국 사회는 젠더감수성이 부족하다", "우리 모두 젠더감수성을 길러야 한다"는 문구는 페미니즘 운동에서 자주 쓰는 말이 되었다.

하지만 이렇게 젠더감수성을 강조하는 운동 방식이 과연 여성의 삶을 실제로 변화시킬 수 있을지는 의문이다. 한국 사회에서 여성들의 삶이 처참한 원인은 그들의 사회적 지위가 낮다는 데에 있고, 사회적 지위를 확보하는 방식의 구조적 전환이 필요하다. 젠더감수성을 길러 여성을 함부로 대하지 않고, 젠더의제에 민감하게 반응한다고 해서 여성의 삶이 근본적으로 바뀌지 않는다. 사회구성원 모두가 젠더감수성을 길러야 그들의 사회적 지위가 향상된다는 주장은 앞뒤가 바뀐 것이다. 여성이라고, 다수와 다른 성정체성을 가졌다고 해서 함부로 대할 수 없고, 혐오할 수 없고, 차별할 수 없고, 반드시 존중해야 하는 구조를 만들어야 한다. 그들을 차별하면 처벌하는 법을 만들고, 동일한 임금을 지급하고, 필요하다면 역차별도 감행할 수 있어야 한다. 페미니즘을 한국 사회에서 이슈로 만든 것은 페미니즘이라는 학문을 공부하는 세미나가 아니라, 래디컬 페미니즘으로 대표되는 일반 남성 전반을 대상으로 비판하고 공격했던 실제적 행동이었다. 젠더감수성은 젠더문제에 대한 개인의 태도 전환을 감정적으로 호소하는 것으로 이는 앞에서 언급한 탈정치화에 불과하다. 변화를 위해 중요한 것은 호소가 아니라, 정치를 통한 구조의 전환이다.

　미국에서 자유주의 대통령이 집권한 것은 또 다른 톨레랑스의 민낯을 보여주었다. 세계의 많은 국가들은 관용을 기조로 한 흑인 자유주의 대통령에게 기대를 모았었다. 한 손에는 막강한 군사력을, 다른 손에는 신자유주의라는 폭탄을 가지고 세계에 으름장을 놓았던 기존의 보수 대통령이 아닌 새로운 자유주의 대통령은 평화와 존중을 세계에 보여줄 것 같았다. 그러나 아이러니하게도 국제 관계에서 관용은 무서울 정도로 폭력적인 결과를 초래한다는 것이 드러났다.

이른바 '워룸'으로 불리는 백악관 상황실에서 오바마가 오사마 빈 라덴 사살 작전을 실시간으로 지켜보는 유명한 사진은 상징적이다. 관용의 대상이 되지 못하는 자의 사살 작전은 마치 스포츠 중계방송을 보듯 실시간으로 지켜봐도 괜찮은, 전혀 이상하지 않은 일이 되었다. IS사태를 비롯한 이슬람권역의 수많은 내전과 그로 인한 피해는 오바마 정권과 무관하지 않다. 그러나 국제관계에서 미국과 오바마의 폭력은 언제나 선의를 가지고 정의와 민주주의를 위해 싸우는 모습으로 둔갑할 뿐이다.

관용이라는 개념은 역설적이게도 제3세계에 대한 미국의 제국주의적 착취와 유럽의 적대행위를 정당화하는 논리로 사용되었다. 바로 관용이 국제적 차원에서 서구의 정당성을 뒷받침하는 담론의 역할을 수행하게 된 것이다. 서구는 도덕적으로 우위에 있으므로, 제3세계에서 이루어지는 불관용의 상황에 개입해 처벌할 수 있는 권력을 쥘 필요가 있게 되는 것이다. 오늘날 서구 국가들이 이슬람을 대상으로 벌이는 배제와 전쟁을 많은 이들이 야만과의 전쟁이라고 생각한다. 관용적이고 개방적인 서구 문명에 비해 이슬람을 비롯한 후진적 국가들의 문명은 불관용적이라는 것이다. 따라서 불관용으로 고통받는 후진 국가들의 민중들을 '해방'시키는 것은, 서구의 정의로운 행위이자 문명사적 임무로 정당화된다. 흔히 폭력을 억제한다고 이야기되는 관용은, 관용 가능한 것과 그렇지 않은 것을 식별하고, 관용 가능한 범위를 벗어난 대상들에 대한 폭력적 조치들을 정당화하는 기능을 수행한다. 이는 금세 해방이라는 미명 아래 제국주의적 침략을 정당화하는 결론으로 나아간다. 즉, 관용이 어느새 21세기 서구 제국을 정당화하는 핵심적인 용어가 되어버린 것이다.

관용은 위협적인 대상을 향해 그 자리에 그대로 있어달라는 호소에 불과하다. 자신의 영역을 침해하지 않는 한에서, 사회에 위협이 되지 않는 한에서, 나는 너희에게 관용을 베풀어주겠다는 논리인 것이다. 이주노동자들이 꿋꿋이 자신의 일터를 지키면서 토착 문화를 재생산할 때, 그들은 소수자로서 다문화주의적 관용의 대상이 되지만, 그들이 폭동을 일으키고 사회전복을 꿈꾼다면 더 이상 관용의 대상이 아니다. 다시 말해, 관용은 모두가 각자의 자리에서 그대로 있는 것을 약속하는 행위이다. 이 태도는 사회의 현 상태를 안정적으로 유지하는 것에 기여할 뿐이다. 기존 사회를 비판하고 변화를 추구해야 할 진보의 사명에 관용의 정신은 맞지 않는다.

결론적으로 사회적 문제에 대한 '관용'이라는 이타주의적 접근은 위선이다. 자신의 감정과 보이는 겉모습만을 고려해 약자 문제에 접근하는 것은 근본적인 해결책이 아니다. 이는 문제를 지연시키고 일시적 위안을 가져다줄 뿐 진정한 해결이 되지 못한다. 아프리카의 감당할 수 없이 많은 이들의 기아와 질병을 어떻게 해결할 수 있을까? 사실 유럽 진보진영뿐만 아니라 범세계적 시민사회에서는 동정심에 호소하는 전략을 수십 년 간 사용해왔다. 지금의 20대 대부분은 이러한 분위기에 호응하며 자랐다. 아프리카에 가서 봉사활동을 하는 인물들의 책을 어렸을 적 한 번씩은 읽었고, 그들을 존경하며 갈채를 보냈다. 이에 따라 많은 어린이들이 국제 봉사, 유엔의 국제 구호활동에 대한 꿈을 키워보았을 것이다. 물론 구호활동과 의료봉사 등은 전혀 비판할 행동이 아니며 치켜세울 만한 대단한 행동이다. 하지만 이것으로 아프리카의 기아와 질병이 해결될 수 없다는 것을 우리 모두는 알고 있다. 아무리 많은 인력과 시간을 투자하더라도, 밑 빠진 독에 물 붓기라는 느낌을 지울 수 없다. 우선 기아와 질병에 시달리는 사람들의 감당할 수 없는 숫자가 문제다. 하지만 당장의 숫자보다 더 중요한 것은 아무리 많은 사람들에게 식량을 나눠주고 의료를 제공한다 하더라도 근본적 문제가 해결되지 않는 상황에선 피해자들이 끊임없이 재생산된다는 자명한 사실이다. 동정심과 이타심을 통한 접근, 즉 관용을 통한 문제 해결 방법은 효과가 미미할 수밖에 없다. 여기에 필요한 것은 냉정하게 획을 그어 근본적 문제를 파악하고 사회적 기초에 대해 재고해보는 것이다.

그렇다면 새로운 물음이 생겨난다. 동정심에 호소하는 이타주의적 관용이 무능한 위선이라면, 우리는 도대체 어떤 태도를 취해야 할까? 문제를 해결하는 가장 근본적인 방법은 원인을 찾아 제거하는 것이다. 우리 앞에 놓여 있는 다양한 문제들의 원인은 대부분 '사회적 구조'에 있다. 즉, 개인이 관용적인 태도를 취하는 것이 아니라, 구조를 바꾸는 것이 유일한 해결책이다.

자신의 여유를 바탕으로 상대에게 관용을 베푸는 것은 결국 위선일 수밖에 없다. 여유를 잃거나 자신의 위치가 흔들릴 상황이 온다면 그 관용은 온데간데없이 사라질 수밖에 없기 때문이다. 위선이라는 가면을 벗어내기 위해서는 일방적으로 대상을 내려다보지 않는 태도가 필요하다. 이때 필요한 것은 사회적 약자들과 소수자들을 약자로 바라보지 않는 것이 아니라 바로 자신역시 약자, 같은 위치의 존재임을 깨닫는 것이다. 자신 역시 이방인이라는 것을 깨닫는 전혀 다른 새로운 관점의 전환이 필요하다.

다시 유토피아를 고민하다

어느 시대든 저항은 항상 존재해왔다. 아무리 태평성대를 이룩한 왕일지라도 봉건체제 자체에 대한 저항과 비판에서 자유로울 순 없었다. 프랑스혁명 이후, 저항은 일반적으로 유토피아적 사고를 동반했다. 단순히 감정적 분노로 촉발된 민중봉기가 아니라, 지금보다 나은 세상이 가능하다는 믿음과 꿈을 가슴에 품고 저항했다는 것이다. 물론 대안적 사회 시스템을 완벽하게 설계했다는 것은 아니다. 다만 지금의 시스템이 아닌, 다른 시스템의 사회가 가능하다는 전제 아래 투쟁했다는 것이다. 오언[5]의 협동조합, 마르크스의 인터내셔널, 레닌의 소비에트, 마오쩌둥의 중국혁명도 모두 이러한 맥락이었다. 이들은 공산주의라는 구체적이지 않은, 애매모호하며 불투명한 미래를 확신했고 유토피아로 상정했다. 공산주의가 실제로 유토피아였다고 말하고 싶은 것이 아니다. 유토피아를 상정하고 저항한 그들의 유토피아적 사고에 대해 논하고 싶은 것이다.

그런데 현대사회의 자본주의에 대한 저항에서는 언제부터인가 유토피아적 사고가 사라졌다. 자본주의의 문제점에 대해서 그어느 시대보다 잘 파악하고 있으며 우리가 무엇에 지배받고 착취당하는지, 분노하는지 정확히 알고 있지만, 지금 시대의 저항은 자본주의가 아닌 다른 세상을 꿈꾼다고 보긴 어렵다. 실제 유토피아라고 꿈꿔왔던 공산주의 국가들이 몰락하는 것을 눈앞에서 확인했기 때문일까. 자본주의는 이제 적이 없는, 역사 최후의 시스템인 양 행세하고 있다. 유토피아적 사고의 부재는 자본주의에 대한 저항을 헛발질로 만들었다. 아무리 저항하고 발버둥쳐도 유토피아적 사고가 없는 상태에선, 시스템 자체를 바꾸지 못하기 때문이다. 자본주의 시스템 자체가 변화할 수 없다면, 자본주의가 필연적으로 내재하고 있는 모순들—계급모순, 노동소외 등—은 결코 극복될 수 없다.

왜 우리는 더 이상 유토피아를 고민하지 않게 된 것일까? 자본주의의 승리가 지나치게 완벽해서일까, 아니면 공산주의의 실패가 너무나도 확실해서일까? 하지만 그 어떤 실패에도 굴하지 않고 자유와 평등을 위해 투쟁해온 인류의 역사를 우리는 알고 있다. 유토피아적 사고의 부재는 실패라는 역사적 경험 때문이 아니다. 이는 우리 시대의 사고를 헤집어놓은 포스트모던의 등장과 긴밀히 연관되어 있다.

포스트모던은 근대성에 대한 비판과 성찰에서 비롯되었다. 포스트모던의 시대는 근대성에 포함된 가치 중 하나인 목적지향적 진보를 평가절하하고 있다. 어느 하나의 목적에 충실히 복무하는 것을 위험한 것으로 치부하는 포스트모던에 있어, 유토피아라는 하나의 목적을 향해 사회 전체가 움직이는 것은 경계해야 할 행동이기 때문이다. 포스트모던은 유토피아를 꿈꾸는 사람들의 말을 믿지 않는다. 그리고 이 유토피아라는 불확실한 미래에 대한 선동(?)을 마치 히틀러가 나치를 추종시켰던 상황과 동일하게 취급한다. 더 나은 미래로 나아가자는 주장에 대해, 유토피아를 향한 '나아감' 자체를 거부한다.

또한 포스트모던은 순환적 역사관을 가지고 있다. 이는 단순히 역사가 되풀이된다는 것이 아니라, 역사에서 진보를 논하는 행위가 무의미하다는 것이다. 포스트모던의 역사관은 역사를 나아감의 과정이 아니라, 해석과 그 해석에 대한 해석의 과정으로 바라본다. 누구의 입장에서 어떻게 해석하느냐가 어떠한 역사적 사건을 진보로 볼 것인지 퇴보로 볼 것인지를 결정하기 때문에, 진보를 논하는 행위 자체가 의미 없다는 것이다. 이는 역사를 통해 더 나아가고자 하는, 혹은 지금 이 시대가 더 나은 시대로 진보할 수 있다는 가능성을 원천적으로 차단한다. 포스트모던의 역사관에서 지금 우리가 사는 시대는 먼 훗날 역사 속에서 해석되는 시간적 과거일 뿐, 진보하는 시대로 평가되지 않기 때문이다.

마지막으로 포스트모던은 지금의 세계를 마치 더 이상 진보할 것이 없는 시대인 양 말한다. 이는 현재의 제도와 규칙을 변화의 영역에서 분리시키는 결과를 초래한다. 변화는 제도와 규칙

안에서만 가능한 것으로 취급된다. 모든 것으로부터 자유로운 이미지를 표상하는 포스트모던이 오히려 그 자유의 한계선을 누구보다 명확하게 지정하고 있는 것이다. 이를테면, 사회적 합의나 인권 담론, 자유민주주의 등 그들이 정해놓은 규칙과 제도는 이미 비판할 수 없는 가치로 자리 잡고 있다. 이를 현실에서 실현하기 위한 기구인 유엔이 대표적이다. 세계의 모든 빈민과 난민은 유엔의 잣대로 평가받고, 유엔의 제도적 조치 안에서 인권을 보장받아야 한다. 이러한 절대적 규범과 제도는 이를 넘어서는 유토피아적 사고를 제한한다.

시대의 진보는 유토피아적 사고를 반드시 필요로 한다. 유토피아 없는 진보는 목적지 없는 배처럼 바다 한가운데에서 표류할 뿐이다. 이 목적지가 진짜 유토피아인지 아닌지는 중요하지 않다. 앞으로 나아가면서 목적지는 계속해서 변하는 것이다. 그러나 유토피아적 사고가 없다면 앞으로 나아가는 것조차 불가능하다. 이 시대의 진보를 회복하기 위해, 세상을 변화시켰던 사람들처럼 우리는 끊임없이 유토피아를 고민해야 한다.

1장 포스트모던 자유주의가 세계를 지배했을 때

4.   포스트모던과 한국 사회

대한민국은 더 이상 분노하지 않는다

2014년, 세월호가 침몰했다. 304명의 사망·실종자가 있었고, 그중 250명은 안산 단원고등학교 학생들이었다. 대한민국은 배가 침몰하고, 그들이 죽어가는 과정을 생중계로 지켜봤다. 참혹한 죽음 앞에서 우리는 아무것도 할 수 없었다. 세월호는 우리 사회에 많은 물음을 던졌다. 왜 우리는 그들을 구할 수 없었을까? 왜 국가는 아무것도 하지 않았는가? 누군가는 말했다. 세월호를 기점으로 대한민국은 달라져야 한다고. 무력한 국가, 책임지지 않는 나라를 버리고 새롭게 전환해야 한다고. '대한민국'이라는 국가는 세월호 참사 앞에서 아무것도 하지 못했다. 아니, 심지어 '대한민국'이라는 국가 시스템은 세월호 참사의 원인이기도 했다.

세월호는 18년 동안 운항되었다. 노후했으므로 진작 폐기했어야 마땅한 세월호는 이명박 정부에서 연안 여객선 선령을 최대 30년까지 연장하는 법을 통과시킨 덕에 수명을 연장했다. 게다가 세월호는 화물과 승객을 더 많이 싣기 위해 증개축을 했고, 이 과정에서 배의 좌우 균형은 무너졌다. 정부는 이런 상태에서 세월호의 영업을 승인했고, 규정에 어긋나는 과적과 잘못된 화물 고정에도 불구하고 출항을 허가했다. 노후한 선박을 관리하는 데 있어 정부는 무능했고, 부실했다.

사고 2개월 전 세월호는 정기 안전 검사를 받았다. 200여 개 항목에 대해 '적합' 판정을 받았고, 안전 검사를 담당한 업체는 정부 업무를 대행하는 사설업체인 한국선급이었다. 세월호 소유주인 청해진해운은 사고 당시 구조 업무를 민간업체인 언딘에 맡겼다. 이러한 민간, 사설, 개인 기업들은 안전과 생명보다는 돈벌이에 관심이 있었다. 침몰이 확실해진 상황에서 청해진해운은 세월호 선원과 통화를 하며 '승객'의 안전이 아니라, '화물'의 과적 상황을 집중 확인했다.[6] 청해진해운은 476명 승객의 생명이 아니라, 화물 과적으로 인한 처벌과 보험금이 지급되지 않는 점을 먼저 걱정했다. IMF 이후 신자유주의가 휩쓴 대한민국에는 민영화 광풍이 불었고 안전과 구조의 영역에도 자본이 침투했다. 결국 사람의 생명을 구하는 것도 돈 문제였고, 대한민국은 '사람'이 '돈'보다 못한 나라였다.

침몰하는 세월호에서 안내방송으로 나왔던 "가만히 있으라"는 그동안 한국 사회의 기성세대가 강요해온 사회구성원의 올바른 자세와 태도에 대한 상징이었다. 결국 침몰하는 세월호에서 "가만히 있으라"는 지시는 304명의 무고한 희생을 불렀다. 더 이상 가만히 있을 순 없었다. 시키는 대로 하면 죽는다는 것을 우리는 너무 늦게 알았다. 한국 사회의 주입식 교육과 지시에 대한 복종의 문화는 세월호 참사의 또 다른 원인이었다.

한때는 모든 사람들이 세월호를 애도했다. 하지만 애도는 애도로 끝났다. 진실을 밝혀달라는 유가족들의 요구는 사고 보상금을 더 받아내려는 이기주의로 몰렸다. 유가족들이 천막을 치고 농성하고, 삭발하고, 땡볕에서 삼보일배를 해도 어떤 이들은 떼쓰는 것이라며 비하했다. 정부는 교통사고에 대한 보험금 처리를 다루듯이 유가족들을 대했다. 그럼에도 불구하고 많은 사람들이 함께 싸웠다. 노란 리본을 달고, 유가족들 곁에서 "감추는 자가 범인"이라며 함께 목소리를 외쳤다. 하지만 대한민국은 아무것도 변하지 않았다.

사회적 참사가 일어나면 이에 대해 책임지고, 청산하고, 더 나은 시스템을 만드는 것이 정상이다. 하지만 대한민국은 세월호 이후, 애도에서 모든 것이 끝났다. 유가족들과 세월호의 진실을 요구하는 사람들은 '정치적 의도'를 가진 집단으로 매도되었다. 세월호가 정치적 사안이 되자 사회적 관심은 더욱 줄어들었다. 정치뉴스와 사회뉴스를 분리하듯, 세월호는 신문에서 사회면이 아니라 정치면으로 분리되었고, 한국 사회에서 그 자체로 분리되었다.

세월호 참사 직후, 우리는 이 나라를 바꿔야만 했다. 304명의 생명은 그 무엇과도 바꿀 수 없기에, 뼈저리고 가슴 아프게 반성하고 책임져야 했다. 하지만 세월호의 진실은 여전히 요원하다. 이는 우리 사회에서 사회적 분노가 상실되었기 때문이다. 김수영 시인의 시처럼 "조그만 일에만 분개"할 뿐, 시대와 사회에 분노하는 문화가 상실된 지 오래다. 시대적 변화를 위해 사회적 분노가 필요하다는 말을 하고 싶은 것이 아니다. 이 나라에서 사회적 분노가 상실된 원인을 짚어봐야 한다는 것이다. 사회적 분노는 제대로 기능하는 정상적 사회라면 존재할 수밖에 없는 자연스러운 현상이다. 사회적 분노는 개인이 개인에게 분노하는 것이 아니라, 어떠한 현상이나 사건에 대해서 사회구성원들이 공통적으로 느끼는 감정이 분노일 때, 이를 표출하는 것을 말한다. 사회적으로 부당하거나 부조리한 상황에 마주쳤을 때, 개인이 혼자 분노하는 것은 어려워도 여럿이 함께 집단적으로 분노를 표출하는 것은 수월하다. 이러한 집단적 감정은 감수성을 넘어 정치적 표현으로 이해되는 것이 적절하고, 감정에 대한 검열이 없는 사회라면 자연스럽게 표출되어야 한다. 하지만 언젠가부터 한국 사회는 슬픔, 기쁨 등 분노를 제외한 모든 감정은 집단적·사회적으로 표출하면서, 분노만큼은 그렇게 하지 않는다. 대구 지하철 참사 앞에서 함께 슬퍼하고, 월드컵 경기를 응원하면서 함께 기뻐하지만, 부조리 앞에서는 모두가 입을 닫는다. 몇몇 개인적 분노가 표출될 뿐, 사회적 분노는 찾기 어렵다. 사회적 분노가 부재한 사회에서 부조리는 묵인되고 답습될 가능성이 높다.

이승만 독재정권을 끝냈던 4.19혁명은 3.15부정선거 규탄을 외치던 고등학생 김주열이 눈에 최루탄이 박힌 채 시체로 발견되자, 이에 대한 분노로 발화되었다. 전두환 군부독재를 끝장냈던 6월항쟁 또한 박종철과 이한열의 죽음이 도화선이 되었다. 그만큼 한 사람의 무고한 죽음은 무거운 의미를 가졌다. 우리는 죽음에 대해 민감했으며, 생명의 무게에 대해 지금보다 더 많은 가치를 두었다.

하지만 시대가 변했다. 우리는 더 이상 죽음에 대해 분노하지 않는다. 죽음에 대해 애도하지만, 그 죽음이 산 사람들의 미래를 바꾸지 못한다. 1991년에 대학생들의 분신정국[7]이 있었다. 노태우 정권의 노동운동·학생운동 탄압은 수많은 열사를 요구했다. 한 학생이 탄압으로 죽으면, 다른 학생이 이에 분노하여 분신했다. 그러면 또 다른 대학생은 이에 분노하여 투신했다. 그렇게 60여 일 동안 13명의 대학생들이 죽었다. 지금 우리 시대에서도 이러한 죽음이 그 가치를 인정받을 수 있을까? 좀 더 나은 세상을 위해 목숨을 던지는 일은 어리석은 취급을 받기 십상이다. 도리어 '나' 자신을 위해 더 열심히 살아가는 게 좀 더 가치 있는 삶이라고 가르치는 세상이다.

'너'와 '나'가 완전히 구분된 세상이다. '나' 이외의 '타자'는 나와 당연히 구별되는 존재가 되어버렸다. 공동체에 희망을 품는

81

것은 미련한 짓이다. 어차피 공동체는 '나'를 담보하지 못한다고 믿기 때문이다. 개인으로 파편화된 세상에서 세월호는 단지 운이 나빴던 것이고, 이에 대해 슬퍼하지만 그 이상은 없다. '너'에게 닥친 안 좋은 일에 슬퍼하지만, 그건 '너'의 일일 뿐 '나'의 일이 아니다. 그저 '나'에게 운이 나쁜 일이 일어나지 않길 바랄 뿐이다.

304명이 죽었지만 아무것도 바뀌지 않았다. 어쩌다 대한민국이 이렇게 됐을까? 언제부터 우리는 죽음에도 '나'와 '너'를 구분하며 둔감해졌을까? 역설적으로 우리는 감수성의 홍수에서 살고 있다. 매일 SNS를 통해 '나'의 희로애락을 공유하고, '너'의 희로애락을 살펴본다. 쏟아지는 영화, 드라마, 음악 등 문화콘텐츠에 열광하며 울고 웃는다. 각종 매체에 나오는 인물들의 삶에 공감하고 '나'를 대입시키며 감정을 소비한다. 감수성은 넘쳐나지만, 이러한 감수성에는 '나'와 '너'를 이어주는 연결성이 배제되어 있다. '너'와 '나'를 함께 고민하는 '공동체'가 없기 때문이다. 지금 이 시대의 감수성은 철저한 개인의 감수성이다. '너'에 대한 감수성도 오로지 '나'에게서 소비되고 끝나버린다. '나'에게서 '너'로 가고, '우리'로 만들어지는 과정이 없는 것이다. 결국 감정은 현실에서 무언가로 발현되길 포기하고 그 자체로 소비된다.

포스트모던의 무서운 부분은 바로 이런 것이다. 모든 것을 쪼개고 파편화하며, 감정마저도 그렇게 만든다. 결국 사회적 분노가 사라진 원인도 파편화된 감정 때문이다. 포스트모던의 모든 주체는 '개인'이다. '집단적 감정'은 포스트모던의 관점으로 해석하면 일종의 폭력이다. 포스트모던은 집단과 개인을 항상 대립적 관계로 바라보기 때문이다. 우리 사회 안에 체내화된 포스트모던은 감정마저 개인의 소유로 획일화시켰다. 이제 분노는 '우리'의 것이 아니다. 포스트모던이 진보적 의제를 다룰 때 '일상과 생활에서의 투쟁'이라는 경향을 보이는 것도 이와 연관이 있다. 포스트모던은 환경 보호를 위해 종이컵을 쓰지 말고, 공정무역 커피를 사먹는 것으로 생활 속에서 개인으로서 저항하라고 권유하지만, 우리 삶을 전면에서 위협하는 원전의 폐쇄를 위해 조직적으로 투쟁하라고 권유하진 않는다. 그들은 개인이 모든 걸 할 수 있다고 생각하며, 조직이나 집단으로서 발현되는 모든 것을 거부한다. 심지어 분노마저도.

그러나 세월호는 '나'나 '너'의 일이 아니다. 대한민국도 '나'와 '너'가 공간적으로만 함께 존재하는 장소가 아니다. 세월호는 '우리'의 일이고, 대한민국은 '우리'의 나라다. 세월호에 슬퍼했던 감정은 '나'와 '너'가 느낀 것이 아니라, '우리' 모두가 공유했던 것이다. 아무리 '우리'와 '공동체'가 부재한 시대라 할지라도, '나'와 '너'가 따로 살지라도, '우리'가 함께 분노할 권리 정도는 되찾아야 하지 않을까? 함께 슬퍼하고, 함께 분노하고, 함께 바꾸자.

1장 포스트모던 자유주의가 세계를 지배했을 때

304명의 목숨에 빚을 지고도 바뀌지 않는 나라라면, 이 나라 대한민국은 이제 정말 희망이 없는 것이 아닐까?[8]

일베는 어떻게 탄생했는가?

일간베스트(이하 일베)는 한국 사회에서 일종의 신드롬이었다. 그들이 주장하는 내용은 이전의 한국 사회에서 공공연히 떠들지 못했던 극단적 우익 성향의 메시지였고, 이는 한국 사회에 큰 충격을 안겼다. 그들은 근현대사, 지역감정, 페미니즘 등 한국 사회의 여러 가지 갈등을 회피하지 않고 집중적으로 다루었고, 이에 대한 감정을 주장으로서 '날것' 그대로 표출했다. 온라인 공간에서 주로 희화화나 비하를 통해 여러 담론들 안으로 뛰어들었다. 5.18광주민주화운동이나 전라도, 여성 등 한국 사회의 민주·개혁·진보 의제들은 일베에 의해 처참히 훼손당했다. 한때는 그들이 온라인 공간에서만 떠드는 겁쟁이라고 평가되었으나, 지금의 일베는 현실에서도 정체성을 드러내길 마다하지 않는다. 세월호 유가족들의 단식 앞에서 폭식 투쟁을 하고 통일을 주제로 한 토크콘서트에서는 폭탄테러까지 저질렀다.

일베가 등장했을 때 누군가는 그들이 신나치 운동과 유사하다고 했고, 누구는 히키코모리의 집단적 반항에 불과하다고 했다. 일베에 대한 여러 가지 해석이 분분하고 각자의 의미가 있겠지만, 한 가지 명확한 것은 일베가 한때의 유행이 아니라, 한국 사회에서—특히 청소년 사회를 기반으로— 하나의 집단으로서 자리 잡았다는 것이다.

포스트모던의 특징 중 하나는 '즉흥적인 재미'라고 할 수 있다. '재미'라는 것은 쾌락, 즐거움, 일시적 욕망의 충족으로 읽힌다. 건축이나 문화 운동으로 시작되었던 포스트모던은 창작 행위 혹은 작품 자체에서의 '재미'를 추구했다. 목적이나 질서에 따라 행동하길 거부하고, 자체적 '재미'를 가장 큰 목적으로 두었다. 포스트모던의 민낯이 이기적 욕망이라는 측면에서 욕망을 충족하는 방식으로 일시적 쾌락을 선택하는 것 또한 하나의 선택지이기 때문이다. 문제는 이러한 특징이 문화예술을 넘어 사회적 영역으로 침투해 사회적 관계에서 구현되면서 발생했다.

일베는 최초에 유머를 목적으로 하는 온라인 사이트였다. 그런데 조금 더 재미있고, 더 즐거우려면 희화화하고 비하할 대상이 필요했다. 그 대상은 물론 사회적 약자여야 했다. 강자를 '재미'의 희생양으로 삼는 것은 공포나 위협을 부를 뿐, 전혀 즐겁지 않기 때문이다. 사회적 약자들—전라도, 여성, 민주개혁 혹은 진보 세력—이 유머의 대상으로 다뤄지면서, 일베는 단순한 유

85

머를 추구하는 문화적 영역을 넘어 정치와 사회의 영역으로 진입했다. 그들의 유머 행위는 그동안 한국 사회에서 암암리에 금기시되었던 상식을 깨부수는 행동이었다.

포스트모던의 또 다른 특징 중 하나는 억압에 대한 저항이다. 유럽사회의 전통적 억압 중 가장 대표적인 것이 성적 억압이었다. 이에 저항하는 행동으로서 유럽에서 포스트모던은 젠더운동과 자유연애 등 다양한 것들을 시도했다. 유럽사회의 전통적 억압이 성적 억압이라면, 한국 사회의 전통적 억압은 윤리 억압이다. 조선시대 유교적 기풍이 남아 있는 사회에서 윤리적 금기에 대한 도전과 저항은 반항 심리가 한창인 청소년들에게는 달콤한 유혹과도 같았다. 일베는 윤리 억압을 기형적인 방식으로 해방시키는 작업에 들어갔다. 이를테면 교과서에서도 가르치는 5.18광주를 모독하는 행위는 매우 비윤리적이지만, 그들에게는 기성사회에 대한 반항일 수 있었다. 그러자 그들은 상식을 깨는 행위 자체에 재미를 느끼기 시작했다. 사회의 관심이 높아질수록 더욱 흥미진진했다. 일베가 욕을 먹으면 먹을수록, 세상의 금기에 도전하는 혁명가라도 된 듯한 최면에 걸렸다. 실상은 기득권에 복무하고 있지만, 그들은 역차별이라는 환상에서 사회적 약자를 기득권으로 둔갑시켜버렸다. 그러자 죄책감조차 느낄 필요가 없어졌다. 그들은 자신들을 위협할 수 없는 사회적 약자들을 대상으로 무차별 폭격을 퍼부었다.

일베는 사회적 비판을 피하고자 포스트모던을 끌어왔다. '상대주의'와 '표현의 자유'는 그들을 보호하는 견고한 갑옷이 되어주었다. 민주사회에서 다양한 의견이 공유되는 건 당연한 일이고, 일베의 주장도 그중 하나라고 했다. 표현의 자유를 보장하는 것은 타당한 권리로 취급되었다. 그들의 '폭력'은 '주장'이 되었고, '폭력'에 대한 비판은 '비합리'가 되었다.

일베는 '이념적'이지 않다. 파편화된 세상에서 이기적 욕망을 충족할 공간이 필요했고, 현실도피의 방식으로 일베를 선택했을 뿐이다. 일베의 내용에 사상적-이론적 체계가 없다는 것이 아니라, 존재의 목적이 우익 사상을 생산하고 전파하는 데에 있지 않다는 것이다. 그들의 성향이 극우인 것은 이기적 욕망을 진보적 가치로는 수용할 수 없기 때문이다. 그들은 약자에 대한 폭력을 통해 쾌락을 추구했고, 이는 극우적 내용으로 표출해야 가능하다. 일베가 겉으로는 한국 사회가 우경화되길 원하는 것처럼 보이지만, 사실 그들은 그런 것에 관심이 없다. 한국을 우경화시키기 위해서 일베를 하는 것이 아니다. 그저 '재미'를 위해서 하는 것일 뿐이다. 이기적 욕망을 사회적 약자에 대한 폭력으로 충족하고자 하는 '재미'가 이후 자신들의 행동과 행위를 정당화하기 위한 '신념'이 된 것이다. 그 내용은 포스트모던과 상이할 수 있지만, 일베의 탄생 배경과 성장 과정, 논리구조는 포스트모던과 쏙 닮아 있다.

일베는 사라져야 한다. 비상식과 비윤리, 사회적 약자에 대한 폭력으로 점철된 집단이 없는 것이 좀 더 나은 세상이라는 것은 분명하다. 하지만 일베를 강제로 폐쇄하는 것은 별로 좋은 방법이 아니다. 두 가지가 필요하다. 먼저 한국 사회에 잠재된 여러 가지 억압에 대한 해방구를 마련해야 한다. 일베의 방식이 아닌, 다른 방식으로 억압에 대한 저항을 포용할 수 있는 사회문화적 토대가 마련되어야 할 것이다. 그다음은 일베가 두르고 있는 포스트모던이라는 사상적 갑옷을 벗겨내야 한다. 그들은 그들의 이기적 욕망을 상대주의와 다양성으로 포장했고 둔갑했다. 1 더하기 1은 2일 뿐이다. 1이라고 우긴다고 한들 그것은 다양성으로 보장받아야 하는 권리가 아니다. 우리는 일베가 '다름'의 영역이 아니라, '옳지 않음'의 영역에 있다고 말할 수 있어야 한다.

서태지와 IMF 그리고 노무현

1992년, 〈난 알아요〉로 등장한 서태지와 아이들은 한국 사회에 충격을 안겼다. 그들의 음악과 메시지는 여태껏 볼 수 없었던,

글자 그대로 격을 부순 '파격'이었다. '서태지'라는 이름에 붙는 수식어 중 가장 대표적인 것이 '문화대통령'이다. 그만큼 그가 한국 대중문화에 끼친 영향은 지대하며 한 시대의 아이콘으로 자리 잡았다. 여기서는 서태지의 음악이 포스트모던이라는 것이 아니라, 그가 가지고 있는 시대의 상징성이 포스트모던적이라는 데에 초점을 맞추고자 한다.

서태지가 상징하는 바를 한 단어로 요약하자면 '자유'라고 할 수 있다. 아직 군부독재의 잔재가 남아 있던 시절, 억압된 한국 사회에서 서태지는 금기에 도전하는 캐릭터를 자임했다. 게다가 그의 활동 영역은 불특정 다수에게 파급력이 강한 대중문화였다. 그는 1990년대 초 한국 사회가 요구하는, 억압과 권위에 저항하며 자유를 외치는 안티히어로에 부합하는 아주 매력적인 캐릭터였다. 그가 한국에서는 생소했던 새로운 장르에 도전한 것도 그러하며, 그의 음악에 담긴 메시지 또한 사회의 부조리를 꼬집고 비판하는 것이었다. 그는 '서태지'다운 음악으로 압도적 팬덤을 형성했고, 그 힘으로 실제 한국 사회를 변화시켰다. 가장 대표적인 사건은 공연윤리위원회(이하 공윤)의 사전심의제도 폐지일 것이다. 당시 공윤은 '공연법'에 따라, 문화의 공공성이라는 명목으로 음반 사전심의제도를 운영했다. 말 그대로 음반이 발매되기 전에 사전심의를 진행하는 것이다. 1995년 서태지는 그해 삼

풍백화점 참사를 지켜본 뒤 〈시대유감〉이라는 노래를 만들어 4집 앨범에 수록했다. 하지만 공윤은 사전심의에서 가사가 과격하며 현실을 부정적으로 그렸다며 불가판정을 내리고 가사 수정을 요구했다. 다음은 공윤이 〈시대유감〉에 대해 가사 수정을 요구한 부분의 일부다.

정직한 사람들의 시대는 갔어
모두를 뒤집어 새로운 세상이 오기를 바라네

서태지는 가사를 수정하지 않았고, 가사를 모두 **빼버린** 연주곡으로 수록했다. 그리고 기자회견을 통해 "나이 든 유식한 어른들에 의해 노랫말이 불가판정을 받은 것은 유감"이라며 노골적으로 불만을 표출했다. 이에 공윤은 4집 노래 가운데 〈필승〉과 〈컴백홈〉의 가사를 문제 삼아 검찰에 서태지를 고발했다. 수많은 팬들이 분노했다.

이 사건으로 그동안 문화영역에서 기득권의 잣대로 사전심의를 진행해 문화창작물을 검열함으로써 표현의 자유를 제약해온 문제가 사회적 이슈로 대두되었다. 서태지 팬들을 주축으로 사전심의제도 철폐운동이 진행되었다. 이는 정치권까지 영향이 미쳤고, 당시 새정치국민회의의 총재였던 김대중은 '서태지와 아이들

음반관련 진상조사위원회'를 꾸리고 지원하기에 이르렀다. 결국 공윤은 백기를 들었다. 고발조치를 취하하고, 공식사과를 했다. 그해 11월, 국회는 사전심의제도를 폐지하는 내용을 담은 법안을 통과시켰다. 이에 서태지는 "이제야 대중가요에 표현의 자유가 생겼다는 점에서 긍정적입니다. 개인적인 바람이 있다면 빠른 시일 내에 국내에서 〈시대유감〉을 부활시키는 것입니다"라며 소감을 밝혔다.

위의 사건들을 비롯하여 서태지는 한국 사회의 많은 변화를 유도했다. 그리고 그의 의도와는 무관하게 한국 사회의 문화적 부분에서 포스트모던을 구축하는 데 큰 영향을 끼쳤다. 그가 상징하는 자유는 금기, 억압, 권위에 대한 저항이었다. 이전의 한국 사회에서 젊은 세대가 군부독재와 같은 눈앞에 보이는 '적'들에 대한 자유와 저항을 꾀했다면, 서태지로 상징되는 세대는 모든 억압으로부터의 자유, 즉 자유 자체에 대한 갈망을 품게 되었다. 특히 '표현의 자유'라고 일컬어지는 영역은 당시 한국 사회의 사회경제적 상황과 결합되어 단순히 문화예술 영역에서의 자유뿐만이 아니라, 자신의 욕망을 표현하는 것에 대한 자유로 확대되었다. 한국문화의 관습에 따라 이기주의로 해석되어 기피되었던, 개인적 욕망을 자유롭게 분출하는 것이 자연스러운 현상으로 자리 잡았다. 그리고 이를 억압하는 모든 권위와 제도는 타파해

1장 포스트모던 자유주의가 세계를 지배했을 때

야 할 대상이 되었고, 이에 저항하는 것이 동경받는 주류문화가 되었다. 이를테면 채용면접에 정장이 아닌 캐주얼복 차림으로 간다든가, "중간만 해라. 튀지 않는 것이 좋다"라는 어른들에 대한 비판 등이 그러하다. 개인적 가치를 존중하고, 온전히 자유로운 존재로서 행동하는 문화는 '서태지'로 상징되는 대중문화를 통해 급격히 한국 사회에 퍼져나갔다.

한국 사회 문화적 부문에서 서태지가 포스트모던의 시초였다면, 경제적 부문에서는 IMF[9]가 가장 큰 영향력을 행사했다. 1997년 한국은 외환위기를 맞았다. 당시 정부는 외환위기를 극복하기 위해 IMF를 받아들였고, IMF는 외환을 대출하는 조건으로 신자유주의를 한국 사회에 전면적으로 유입시켰다. 정부를 중심으로 집약적 경제개발을 추진해왔던 한국에서, 시장을 중심으로 경제가 돌아가게 하는 신자유주의 원리가 도입된 것이다. 포스트모던은 경제적으로 신자유주의로 발현되곤 한다. 포스트모던의 철학적 중심 논리가 '개인과 자유, 합의'에 있고, 현실에서 '개인과 자유, 합의'로만 존재하는 대표적 공간이 바로 시장이기 때문이다. 시장에서 각 개인은 자유로운 주체이고, 이들의 합의와 개인적 노력에 따라 정당하게 보상받는다는 것이 신자유주의의 대표 논리이다. 그래서 정부가 야경국가로서 역할만 담당하고 자유로운 시장을 온전하게 보장하기만 하면, 경제는 알아서 잘

굴러간다는 것이다. 포스트모던이 모든 통제와 제도를 거부하듯이, 신자유주의는 시장을 통제하려는 정부의 모든 조치를 철폐하기를 원한다.

IMF 이후 20년. 한국 사회는 신자유주의로 인해 망가졌다. 경제 부문뿐만이 아니라, 사회 자체가 망가졌다. 비정규직 확대와 노동유연성으로 대표되는 신자유주의 경제 정책은 대다수 서민의 안정적 생활을 파괴했다. 대기업들은 이로 인해 살아남았을지 모르지만, 대다수 서민은 IMF 이후 항상 미래에 대한 불확실성과 싸워야 했다. 이러한 불확실성은 남을 짓밟고 올라서는 무한경쟁과 이기주의에 정당성을 부여했다. "내가 죽을 판인데, 언제 남까지 챙기나"라는 심리는 한국 사회의 개인화에 큰 축을 담당했다. IMF는 한국 사회의 구성원들을 신자유주의적 인간형으로 만드는 데 성공했다. 복지는 국가경제 성장을 막는 장애로 취급받고, 민영화는 부패하고 낙후한 국가시스템을 극복하는 만능논리가 되었다. 국가는 모든 책임을 개개인에 미루었다. 힘들고 어렵게 살더라도 그것은 국가의 책임이 아니라 개개인의 책임이 되었다. 국가는 국민의 생활도 직장도, 심지어 안전마저도 아무것도 보장하지 않는다. 모두 개개인이 노력해서 알아서 챙겨야 하는 시대가 되었다. 세상에 존재하는 모든 것은 상품이 되었다. 대학도, 병원도 산업이 되었고 돈벌이 수단이 되었다. 사람들은 스스로를 상품으로 인식하게 되었고, 상품경쟁력을 갖추기 위해 혈안이 되었다. 그래야 살아남을 수 있는 세상이 되었기 때문이다. 포스트모던이 말하는 '개인'과 '자유'의 세상이 온 것이다.

　한국 사회 포스트모던 정치의 대표적인 상징은 노무현이다. '노무현'이라는 정치인 개인이 아니라, 그로 대표되는 정치세력이 바로 포스트모던 정치를 사상적 토대로 삼고 있다. 노무현은 실패했다. 한국 정치사에서 희대의 명연설로 손꼽히는 대선출마 연설에서 그는 "600년 동안 청산되지 못한 역사"를 바꾸겠다고 약속했지만 실패했다. 노무현은 죽음을 앞두고 그의 지인들에게 "조금이라도 바꿨다고 생각했는데, 아무것도 바꾸지 못했다"며 정치를 하지 말라고 권했다고 한다.[10] 현재 노무현에 대한 대중들의 인기는 이명박·박근혜 정부에 대한 반대급부도 있겠지만, 그가 노력했지만 실패한 대통령이라는 비극적 주인공으로서 카타르시스적인 맥락도 있을 것이다. 어쨌든 노무현은 그 자신도 인정하듯이 실패했다. 왜 노무현은 실패했을까? 그로 대표되는 정치세력의 정치사상적 기본 토대가 포스트모던에 있었던 것도 그 원인 중 하나였을 것이다.

　노무현의 측근들은 그의 사후에 오히려 한국 정치에서 더 주요한 역할을 맡으며 활동하고 있다. 측근 출신인 유시민, 안희정 등을 보면 노무현의 정치사상에 대해서 조금 더 쉽게 이해할 수 있다. 먼저 유시민은 자신을 사회자유주의자로 칭하곤 한다.[11] 이렇게 부르는 것에는 사회주의와 자유주의의 장점만 취하겠다는 의도가 깔려 있을 것이다. 노무현 또한 대통령 임기 당시 진보와 보수를 아우르는 정치를 시도했다는 점에서 이와 비슷하다. 노무현 정부의 정책들을 큰 틀에서 보면 진보적 의제와 보수적 의제가 동시에 존재했다. 노무현은 사학법 개정, 검찰 개혁, 국가보안법 철폐, 주한미군으로부터의 전시작전통제권 회수 등 개혁이라고 불리는 정책을 시도했다. 반면 한미 FTA, 이라크 파병 등 기득권의 이익을 대변하는 정책도 있었다. 문제는 노무현 정부의 개혁은 모두 실패했고, 기득권의 이익을 대변하는 정책은 모두 성공했다는 것이다. 혹자는 그 원인을 노무현의 의지 또는 힘의 부족으로 설명하지만, 가장 큰 원인은 노무현의 정치사상적 포지션 자체가 모호했다는 데에 있다. 양쪽의 장점만 취하겠다는 태도는 사상적인 부분에서는 자기중심이 없는 타협이고, 이 타협은 정의에 대한 타협이기도 했다. 정치사상을 대하는 태도가 현실정치에서 타협적 태도를 초래한 것이다.

안희정은 대선후보로서 보수정당과의 대연정을 시사했다. 한나라당과의 대연정을 시도했던 노무현의 뜻을 받들겠다는 것이다. 안희정이 의도한 대연정이 노무현의 뜻과 일치하는지도 의문이지만, 보수정당과의 대연정이라는 발상 자체가 정치에 대한 몰

1장 포스트모던 자유주의가 세계를 지배했을 때

이해에서 발생한다. 정치는 권력게임이 아니다. 현실에서 구현해나가야 할 가치를 담아야 한다. 노무현은 개혁과 권력교체를 대중들에게 약속했다. 그가 함께해야 할 대상은 보수정당이 아니라, 그를 지지했던—하지만 권력은 없었던—대중들이었다. 그가 권력을 나누고 함께 세상을 바꾸자고 제안해야 할 대상은 한나라당이 결코 아니었다. 정적을 적이 아니라 경쟁하는 대상으로 바라보고, 정치는 권력투쟁이 아니라 대화와 타협이라는 착한 정치에 대한 환상이 대연정이라는 발상을 만들어냈다. 정당한 경쟁, 대화와 타협은 정치적 내용을 추구해나가는 과정에서 지향해야 할 형식이자 방법론이지, 그 자체가 정치적 내용이 될 순 없다. 어떤 정치세력과는 뜻을 합칠 수 있으며, 어떤 정치세력은 극복해야 하는지에 대한 기준 없이, 무작정 국민들을 위해 힘을 모아보자는 것은 "나에겐 정치적 내용이 없다"는, 사상적 빈곤을 드러내는 것과 같다.

노무현 정부의 공식명칭은 참여정부다. 참여민주주의에 기초를 두고, 이를 실현시키겠다는 의도에서 비롯되었다. 하지만 그들의 참여민주주의는 사실 허울뿐이었다. 대중 참여를 통해 정치적 민주주의를 실현하겠다는 의도가 현실에서 구현되지 못한 이유는 참여민주주의라는 개념 자체가 현실적 체계와 토대 없이는 허구에 불과하기 때문이다. 당연히 민주주의는 다수 민중의 참여를 필요로 한다. 하지만 노무현의 참여민주주의에서 대중들의 참여는 '폭이 좁은 참여'였다. 참여민주주의에서 대중들의 참여는 '참여를 선택할 자유'를 제외하면, 원하는 바를 실현시킬 힘을 가지지 못하는 수준에 머물기 때문이다. 실제 대중들의 참여는 노무현으로 대표되는 정치세력에게 힘을 실어주는 역할에 그친다. 수많은 사람들이 노무현을 지지하고 노무현의 참여정치에 '참여'했지만, 현실에선 결국 노무현과 노무현으로 대표되는 정치세력이 원하는 대로 결정된다. 개개인의 참여를 필요로 하고 존중하지만, 그 참여는 민주적 절차를 위한 수단일 뿐 결과를 도출하거나 전환시키지는 못한다. 이는 노무현의 참여민주주의가 내용이 아닌 형식에 기초했기 때문이다. 결국 내용적 참여가 아니라, 형식적 참여에 그친 것이다.

정치는 내용과 형식을 둘 다 갖추어야 한다. 하지만 노무현의 정치는 내용은 없고 형식만 갖추려고 노력했다. 정치사상적 내용이 빈곤했기 때문에 일관된 방향 없이 겉으로 좋아 보이는 정책들을 남발했으며, 청산해야 할 적폐세력과도 손을 잡겠다는 발상에까지 이르렀다. 노무현은 대한민국 역대 대통령 중 가장 인간성이 좋은 사람, 훌륭한 인격자로 꼽히지만, 그의 임기 중 추진된 신자유주의 정책들 때문에 수많은 노동자들은 해고됐고 파산했다. 한미 FTA에 반대하던 농민 두 명은 그의 임기 중 무리하

1장 포스트모던 자유주의가 세계를 지배했을 때

게 진행된 집회 해산 과정에서 경찰의 폭력에 사망했다. 그는 원칙적인 사람이었지만, 그 원칙은 형식을 지키는 데에 머물렀고 내용에는 이르지 못했다. 이 '형식'은 '합의'와 개념적으로 동일하다. 포스트모던 정치는 '합의'를 절대적 원리로 삼는다. 포스트모던 정치에서 옳지 않음은 '합의'되지 않은 것을 의미할 뿐 그 어떤 진리적 내용도 내포하지 않는다. 그래서 '합의'에 도달하기 위한 과정을 정치적 과제로 인식할 뿐, 합의보다 우선되어야 할 내용적 가치에 대해 관철시키는 것을 정치라고 생각하지 않는다. 결국 형식적–절차적 합의에 대한 집착이 정치적 내용까지 잠식해버린 것이다. 이것이 노무현의 정치가 세상을 바꾸지 못한 이유다.

노무현의 인격을 의심하지 않는다. 노무현의 의도 또한 의심하지 않는다. 그가 매력적인 정치인이었음을 부인하지도 않는다. '탈권위'로 대변되는 노무현의 대통령 임기 동안 한국 사회 정치가 일정 부분 진보했다고 믿는다. 하지만 그의 정치가 실패한 것에서 우리는 또다시 배워야 한다. 포스트모던 정치로는 한국 사회가 바뀌지 않는다는 것을 경험적으로 추론해야 한다. 다원성의 정치, 다름을 인정하는 정치가 한국 사회에서 적폐세력까지 안고 가야 한다는 결론으로 귀결되어선 안 된다. 형식적–절차적 틀에 갇혀서 대다수 서민을 파탄으로 몰고 가는 정책을 인정해선 안 된다. "600년 동안 청산되지 못한 역사를 바꾸고 싶다"는 정치세력은 집권여당이 아니어서, 국회에서 다수당이 아니어서 바꿀 수 없었다고 국민들에게 항변했다. 국민들은 그들에게 집권여당의 자리를 주었고, 다수당의 자리를 주었다. 하지만 그들은 바꾸지 못했고, 실패했다. 그들이 부정부패했기 때문도 아니고, 국민들이 그들에게 조금 더 힘을 실어주지 못했기 때문도 아니다. 그들의 정치사상적 기초가 포스트모던에 있었고, 그들의 포스트모던 정치가 실패한 것이다. 이제 한국 사회는 포스트모던을 넘어서는 정치가 필요하다.[12]

2장 깨뜨려야 할 우리 안의 포스트모던

─────────────────────────

우리가 살고 있는 세계는 이미 많은 부분이 포스트모던의 철학으로 설계되어 있다. 특히 스스로 '진보적'이라고 자각할수록, 일상적 문제에 접근하는 방식이나 정치적 사안에 대한 사고와 태도가 포스트모던의 영향 아래 놓여 있다. 중립이라는 허구적 이상에 대한 지향인 '중도주의', 법이라는 사회적 합의가 절대화되어 진보 또한 법 안의 테두리에서 자유로울 수 없다는 '합법주의', 다수결과 선거가 절대적으로 인식되는 '자유민주주의', 폭력을 무조건 악으로 취급하며 폭력 없는 저항을 추구하는 '비폭력주의'가 대표적이다. 이러한 포스트모던적 사고의 틀을 극복하지 않는 한, 진보는 세상을 근본적으로 변화시킬 수 없다.

1. 중도주의:
중립이 가장 극단적이다

우리의 입장은 중립입니다?

2016년 전국이 박근혜-최순실 게이트로 들끓었다. 시민사회는 그 계층과 단체 성격을 막론하고 대다수가 박근혜 정권에게 진상 규명을 넘어 책임을 묻는 시국선언을 진행했다. 대학가 또한 마찬가지였다. 대학마다 총학생회는 운동권이든 비운동권이든 학생회 성격을 떠나 민주주의를 외치며 시국선언을 했다. 하지만 그 와중에도 꿋꿋이 '정치적 중립'이라는 신념을 지키던 총학생회들이 몇 있었다. 당시 인제대 총학생회는 "자칫 정치적 선동"으로 비칠 수 있다며 시국선언을 하지 않겠다고 공식입장을 밝혔다. 그러자 같은 학교에서 정치학을 가르치던 교수는 정치를 가르치는 입장에서 총학생회의 입장은 궤변이라며 댓글을 달았고, 인제대 학생들은 총학생회가 부끄럽다며 자체적으로 1천여 명의 학생들이 시국선언을 했다.

인제대 총학생회의 '정치적 중립' 선언이 특수한 것은 아니었다. 박근혜-최순실 게이트 이전에도 여러 정치적 사안이 있었고, 심지어 사회적 이슈가 아니라 학내 이슈에 대해서도 대학가에선 총학생회가 '정치적 중립'을 지켜야 한다는 인식이 꽤나 일반적이었다. 오히려 정치적 중립이라는 입장이 비판받은 인제대 총학생회의 사건이 더 특수한 사례라고 볼 수 있다. 그만큼 지성인들이 모여 있다는, 한국 사회의 미래를 양성하는 곳이라는 대학에서는 '정치적 중립'이 공식 단체로서 가져야 할 당연한 지향과 입장이 된 것이 현실이다.

2016년 서울여대 총학생회가 축제에 방해가 된다는 이유로 파업 중인 학내 청소 노동자들의 현수막을 철거해 논란이 일었다. 당시 서울여대에서는 3년 가까이 청소 노동자들에 대한 학교 측의 성폭력적 발언과 비인권적 해고 통지, 경비 노동자 대량 해고 등으로 학내 노동자들의 노조가 결성되고 파업이 벌어지는 등 진통을 겪고 있었다. 이러한 상황에서 총학생회는 학교와 노조 그 어디에도 치우치지 않겠다는 중립을 선언했다. 오로지 학생들의 입장에서만 이 상황을 관조하고, 학생들의 이익에 따라 행동하겠다는 취지로 비친다. 또한 총학생회는 학내 노동자들의 임금이 인턴보다 높으며, 등록금을 올리지 않기 위해 노동자들을 해고할 수 있다는 등의 학교 측 입장에 동조하는 태도를 보였다. 이러한 입장이 결국 학생들의 축제를 위한다는 구실로 노동자들의 파업을 방해하는 행위로까지 이어진 것이다.

학생들의 이익을 위해 중립을 지키겠다는 입장은 그나마 양반이다. 학생들의 권리와 이익에 직접적인 연관이 있는 학내 사안에 대해서도 학생회가 중립을 주장하는 사례가 빈번하기 때문이다. 2011년 한국 사회의 가장 큰 이슈 중 하나였던 반값등록금에 대해서도, 총학생회의 입장에서 반값등록금을 주장하는 것은 정치적 사안에 개입하는 것이므로 할 수 없다고 밝힌 대학도 있었다. 구조조정으로 폐지 위기에 놓인 학과들의 호소와 투쟁에 대해서 총학생회가 학교와 학생들 가운데서 중재하는 포지션을 취해야 한다는 견해도 있었다. 최근 시흥캠퍼스 문제로 학생회장단 징계까지 논의되며 논란이 불거진 서울대에서는 학내 사안에 대해 새터(신입생 오리엔테이션)에서 신입생들에게 알려야 한다는 주장이 제기되었으나, 학생회가 중립을 지켜야 한다는 의견 때문에 결국 아무런 행동도 취하지 못했다.

중립에 대한 극단적인 집착은 대학사회에서 이제 일반적인 분위기이다. 2000년대까지만 해도 각 대학의 총학생회 선거는 운동권·비운동권의 대립 구도로 진행되었으나 운동권의 몰락으로 귀결되었다. 운동권에 맞선 비운동권 총학생회는 "우리에게는 이념이 없습니다"라는 중립을 모토로 한다. A라는 공동체에는 B라는 사안에 대해 찬성하는 구성원도, 반대하는 구성원도 있는데 어떻게 특정 입장을 공동체 전체를 대표하는 입장으로 정할 수 있냐는 그들의 주장과 논리는 언뜻 타당해보이기도 한다. 이러한 논리가 대세인 분위기 이면에는 "아직 입장을 정하지 못했다" 혹은 "나는 중립이야"라고 말하는 학생들로 중립 일색인 대학사회가 숨어 있다.

2장 깨뜨려야 할 우리 안의 포스트모던

하지만 1 더하기 1이 1이라고 말하는 입장과, 1 더하기 1이 2라고 말하는 입장 사이에서도 중립을 외칠 수 있을까? 사람을 칼로 찌르는 것과 찌르는 않는 것 사이에서 절반만 칼로 찌르겠다는 중립을 주장할 수 있을까? 어쩌다 진리의 전당이라는, 진리를 추구하는 지식공동체를 표방하는 대학에서 중립이 대세가 된 것일까? 아마도 하나의 가치를 지향하고 추구하는 것이 아니라 다양한 가치를 다변적으로 지향하는 다양성의 논리와, 너도 옳고 나도 옳은, 서로 견해가 다른 것뿐인 상대주의 시대에서 자신의 입장을 가장 편리하게 보호할 수 있는 방법이 '중립'이기 때문일 것이다. 아무런 정치적 입장이 없는 사람들이 모여, 아무런 정치적 입장이 없는 공동체를 꾸리고 살아가는 것. 이것이 대학사회를 통해 본 한국 사회의 미래이자 현실이다.

정치에서 중도가 가능할까?

중립의 바람은 대학가에만 있는 것이 아니다. 중립을 지향하는 사람이 많아질수록 그들의 표를 얻으려는 정치인도 늘어난다. "나는 진보도 보수도 아니요, 국민을 위한 정치를 하겠다"는 어느 정치인의 모토도 이와 맥락을 같이한다. 기본적으로 중립은 정치사상의 지형에서 '중도주의centrism'로 불린다. 중도라는 입장은 포스트모던의 시대에서 매력적인 포지션을 차지한다. 다양성과 상대주의의 논리가 판치는 세상에서 '누구'의 입장에도 치우치지 않겠다는 주장은 '모두'의 입장에서 정치를 하겠다는 논리 구조로 이어지기 때문이다. 엄밀히 말하면 좌우 혹은 진보와 보수의 대립구도에서 중간 성향을 지향하는 '중도주의'와 정치적 입장을 애초에 보류하는 '정치적 중립'은 다르지만, 하나의 입장을 선택하는 것을 꺼리는 우리 사회의 분위기 속에서 중도주의와 정치적 중립은 '정치적 입장의 선택 회피'라는 맥락을 같이한다. 대체로 정치판에서 중도주의를 표방하는 정치인들 또한 극단적 성향의 이미지와 대립구도를 탈피하고, 정치적 중립지형에 위치한 유권자들의 표를 얻고자 하는 의도가 있기 때문이다. 최근 이러한 중도주의를 표방하여 성공한 정치인으로, 프랑스의 대통령 에마뉘엘 마크롱이 있다.

2017년 프랑스 대선에서 마크롱은 극우 성향의 마린 르 펜을 이기고, 최연소 대통령으로 취임했다. 그는 스스로를 진보나 보수라고 지칭하는 것을 거부하고, 자신의 이념적-사상적 지향을 중도라고 표방한다. 경제면에서는 자유시장경제를 지향하고, 국방면에서는 강한 프랑스, 외교면에서는 친EU, 교육에서는 개혁을 주장한다. 이렇듯 분야나 영역별로 진보와 보수를 넘나들며 필요에 따라 선호하는 정책을 취하는 것을 그는 '중도'라고 부르는 듯하다. 그는 이러한 정치적 입장을 취함으로써 유권자들에게 합리적인 이미지를 심어주었다. 마크롱이 표방하는 중도주의는 한 가지 이념이나 사상에 경도되지 않은, 사안에 따라 필요하다면 입장을 바꿀 수 있는 실용주의적 태도로 보이기도 한다. 결국 마크롱은 중도주의로 정치적 지위를 확보하는 데에 성공했다. 중도주의가 프랑스 대중들의 선택을 받은 것이다.

한국 사회에서도 중도주의를 표방하는 정치인들이 있다. 대표적으로는 안철수와 안희정이다. 2017년 대선에서 이들은 진보나 보수가 아닌, 국민과 대한민국을 말했다. 국민을 위해서, 대한민국의 미래를 위해서라면 이념은 중요하지 않다는 말이다. 안철수의 대선 슬로건은 "국민이 이긴다"였다. 그는 대선 막판에 보수라면 4번(유승민), 진보라면 5번(심상정)을 찍으라며, 더불어민주당과 자유한국당이 그동안 한국 정치판을 망친 주범이라고 말했다. 안철수는 한국의 기성정치를 이념논쟁이라고 표현하기도 했고, 기성정치와 자신이 다른 점은 이념을 뛰어넘는 정치라고 주장했다. 이를 이념적으로 해석하자면 중도주의, 즉 중립이 된다. 안희정은 더불어민주당의 대선후보 경선에 나서면서 자유한국당과의 대연정을 말했다. 정치란 다른 견해를 포용하고 수용할 수 있어야 하고, 자신은 진보든 보수든 모두 품고 가겠다는 의

미였을 것이다. 이 또한 이념적으로 해석하면 중도주의다. 이들은 모두 2017년 대선과 경선에서 패배했지만, 유의미한 지지율을 얻었다. 아마 박근혜 탄핵이라는 특수한 상황이 없었더라면, 이들이 주장하는 가치나 비전이 더 큰 지지를 얻었을지도 모르는 일이다. 그만큼 한국 사회는 그동안의 무의미한 이념논쟁에 지쳤고, 합리적 사고를 하는 정치인을 기대하고 있다는 것이다.

하지만 이들이 말하는 중도주의가 과연 진정한 중도일까. 아니, 정치에서 진짜 중도가 가능한 것일까? 중도주의라는 입장은 진보와 보수의 장점만 취하겠다는 교묘한 표현이다. 실제로 이러한 맥락에서 실용주의적 측면도 있다. 하지만 한국 사회에서, 포스트모던 시대에서 중도주의는 실용주의적 측면보다는 이념적 선택을 회피하고 중간 입장을 취하는 것이 가장 합리적으로 보인다는 오류에서 더 큰 기대를 받는다. 그러나 이것은 말 그대로 오류다. 자신의 입장과 처지를 고려하지 않고 객관적인 위치에서 조망했을 때 가운데, 즉 양쪽 모두를 수용할 수 있을 것 같은 위치를 선호하는 대중의 습성만 남은 것이다. 이는 자신의 입장과 처지를 고려하지 않고 스스로 객관적 위치에 있다고 착각하게 만드는 포스트모던의 구조에서 비롯된다. 즉, 중도와 중립의 경향성은 삶을 나아지게 하는 방향을 선택하는 것이 아니라, 무조건 중간의 입장만 선택하는 결과를 초래한다.

2장 깨뜨려야 할 우리 안의 포스트모던

중용에 대한 오해와 진실

한국 사회는 오랜 역사 속에서 튀면 안 된다는 관습적 가르침을 만들었다. 어딜 가든 "가운데만 서라, 중간만 가라"는 표현이 그러하다. 줄을 서더라도 맨 앞이나 맨 뒤보다는 가운데가 좋다. 가장 안전하기 때문이다. 먼저 나서서 문제를 제기하거나, 대세를 파악하지 못하고 뒤늦게 참여하면 먹고살기 힘들어진다. 일제 강점 당시에 항일운동을 하던 사람들이 그랬고, 민주화운동 시기에 저항하던 사람들이 그랬다. 이처럼 핍박과 탄압의 역사를 오래도록 겪어서일까. 한국 사회는 '적당한' 타이밍에 '적당히' 나서는 것이 현명한 삶의 태도라고 가르쳐왔다. 도덕과 윤리의 측면에서도 항상 중간을 강조한다. 극단적 입장은 어떠한 내용이든 그 자체로 옳지 않다고 규정하는 것이다. 의무교육 기간에 가르치는 도덕교과서에서도 이러한 삶의 태도로서 중용中庸을 강조한다. 동양 고전인 유학의 '중용'과 서양 고전인 아리스토텔레스의 '중용'을 간략히 언급하면서, 극단을 거부하고 중간적 입장을 추구해야 한다고 가르친다.

《중용》은 《논어》, 《맹자》, 《대학》과 더불어 사서에 들어가는 유학의 대표적 경전이다. 사실 동양의 고전 '중용'은 정치적 중립과는 별 상관이 없다. 유학에서 말하는 중용은 '중간'이 아니라, '최선' 혹은 '적절함'이 더 적확한 의미이다. "군자의 중용이란, 군자답게 때에 들어맞게끔 하는 것"이라는《중용》의 구절을 보면, 그것이 단순히 중간의 위치를 말하는 것이 아님을 알 수 있다. 오히려 중용은 목표나 목적을 달성하기 위해 가장 적합한 방법을 찾아 실행해야 한다는 뜻이다. 유학의 중요한 영역인 예의범절을 예로 들자면, 나이와 계층에 따라 적합한 방법을 지켜야지, 나이와 계층과 무관하게 딱 중간의 방법으로 적당히 예의를 표한다면 이는 예의범절에 어긋난다. 또한 유학의 중용은 외부 사건을 선택하고 판단하는 목적이 아니라, 자기 자신에게 중용을 적용해서 수양하는 학문에 더 가깝다. 외부 조건이나 상황에 흔들리지 않고 스스로 중심을 잡아 판단해야 한다는 의미인 것이다.

《니코마코스 윤리학Ethika Nikomacheia》에 아리스토텔레스의 중용 개념이 나온다. 이 책에서 아리스토텔레스는 덕virtue과 탁월함 aretē에 대해서 다루며, 중용을 말한다. 하지만 이 또한 정치적 중도주의와는 관련이 없다. 교과서는 아리스토텔레스의 중용에 대해서 용기가 중용이라면, 만용은 과도한 것, 비겁은 부족한 것이라고 가르친다. 이처럼 아리스토텔레스의 중용은 이성으로 욕망을 통제하는 행위를 의미한다. 이성으로 욕망을 절제하고 통제하는 것이 가능할 때, 중용의 덕으로 조화가 실현되는 것이다.

동서양 고전에서 가리키는 중용은 정치적·이념적 중립이 아니라, 자기 단련과 수양의 의미로서 적절하고 적합한 선택을 말한다. '적합한 선택'이지 '선택의 회피'가 아니다.

그런데 한국 사회 특유의 중간에 대한 선호와 집착은 이를 오인하고 중립을 가장 이상적인 선택지로 취급하곤 한다. 하지만 "지옥의 가장 뜨거운 곳은 도덕적 위기의 시대에 중립을 지킨 사람들을 위해 예약되어 있다"는 상투적인 표현이나, "고통 앞에 중립은 없다"는 잘 알려진 교황의 표현을 빌리지 않더라도, 중립은 최선이 아닌 최악의 선택지이다. 최인훈의 소설 《광장》에서 주인공은 공산주의도 자본주의도 아닌 중립국으로 가길 희망했다. 하지만 그런 그가 결국 선택한 것은 중립국도 아닌 죽음이었다. 그가 희망했던 중립국 역시 이념에서 자유로운 곳이 아니었고, 자신이 꿈꿔왔던 이념에서 벗어난 이상사회는 현실에 존재하기 않았기 때문이다. 정치와 이념에 있어, 우리는 어쩌면 그처럼 선택해야 할지 모른다. 현실에 존재하지 않는 중립과, 치열하고 추악할지 모르나 지금 눈앞에 존재하는 현실 가운데 무엇과 마주할지 말이다.

그놈이 그놈이더라

정치판을 말할 때, "그놈이 그놈"이라는 표현을 흔히 쓴다. 어차피 모두 자기 이익을 위해 정치를 할 뿐, 제대로 된 정치를 하는 정치인이 없다는 뜻이다. 이와 같은 염세적 태도는 정치뿐만 아니라 다른 영역에서도 두루 볼 수 있다. 노조나 시민단체 등 개인이 아닌 공동체의 이익을 위해 복무하는 활동들도 다 마찬가지라는 식으로 평가하곤 한다. 이는 어떠한 견해나 입장에 대해서그 내용과 무관하게 비난하는 입장을 취하는 태도와도 연관된다. "그놈이 그놈"이라는 정서는 양비론 혹은 양시론의 논리구조를 토대로 한다.

양비론과 양시론은 어떠한 사안이나 사건에 대해 두 가지 이상의 의견이 대립할 때, 둘 다 틀리거나 둘 다 옳다는 방식의 논리 전개이다. 양비론과 양시론은 때때로 논리적으로 타당한 결론을 도출하고 일부 유의미한 결말을 이끌어내기도 하지만, 대부분 결론 자체를 내리지 못하는 상황을 연출하고 만다. 대립하고 있는 두 의견 모두 틀렸으니, 어느 하나의 입장으로 결정하지 못하는 것이다. 또한 의견이 대립하는 근본적 이유나 본질을 흐리고 진영논리로만 몰아가 사안 자체에 대한 혐오감을 조성하기도 한다. 한국 사회에 정치혐오가 만연한 데에는 양비론과 양시론이

113

적지 않은 기여를 했다.

특히 한국의 보수언론은 양비론 혹은 양시론의 입장으로 사태의 본질을 흐려 왜곡하는 경우가 많다. 박근혜 탄핵 국면에서 촛불집회와 태극기집회를 다뤘던 〈조선일보〉의 보도를 예로 들어보자. 당시 〈조선일보〉는 탄핵을 찬성하는 촛불집회와 탄핵을 반대하는 태극기집회를 빈단과 찬탄이라는 용어로 구분하면서 사회 분열을 초래하려는 세력처럼 보도하였다. 〈조선일보〉는 일단 헌법재판소의 판결을 기다려야 하고, 사회 분열을 초래하는 촛불집회와 태극기집회 모두 멈추어야 한다고 주장했다.[13] 촛불집회와 태극기집회를 둘 다 비판하는 양비론으로 박근혜−최순실 게이트에 대한 국민적 분노의 정서를 왜곡한 것이다. 대대수 국민들이 가지고 있는 박근혜 정권을 향한 비판의 정서를 마치 둘로 쪼개진 한국 사회의 극단적인 이념이나 생각 중 하나로 다룬 것이다. 양비론의 사례는 이뿐만이 아니다. 세월호 유가족 중 한 사람이 고통스럽게 오랜 단식을 이어가고 있을 때, 그가 이혼한 상태이며 평소 자식에 무관심했고 게다가 노조활동가 출신이라며 단식할 자격도 없는 것처럼 악의적 보도를 한다거나, 국민적 영웅으로 추앙받던 과학자의 논문 조작을 폭로한 텔레비전 프로그램에 대해서 불법 취재였다고 비난하는 것 등 양비론의 사례는 무수히 많다. 그만큼 우리 사회가 옳고 그름을 따지기 어려운 환경에 놓여 있고, 양비론으로 본질을 흐리며 편승하는 언론들이 존재한다는 것이다.

피장파장. 서로 낫고 못함이 없음을 뜻하는 말이다. 이는 논리학에서 '두 개 과오에 의한 정당화의 오류'라는 개념으로 설명하기도 한다.

영국 철학자 새뮤얼 구텐플란과 미국 철학자 마틴 탬니는 "예컨대 가게의 점원이 착오로 거스름돈을 더 많이 주었는데도 손님이 모른 척한다면 이는 정직하지 못한 짓이라는 논증을 여러분이 어떤 사람에게 제시했다고 해보자"는 문제를 제기했다.

"이때에 그 사람이 바로 여러분에게 말하기를 '그건 부정직한 게 아니네. 만일 자네가 그런 식으로 거스름돈을 많이 받게 되었다 해도 아마 자네는 모른 척하고서 가만히 있었을 거야. 안 그렇겠나?' 만일 이 논증이 그런 행위도 정직한 행위임을 밝히기 위한 것이었다면 부당한 논증이다. 왜냐하면 행위의 정직성이란 여러분이 그 돈을 그대로 갖고 있을 것이냐 아니냐는 사실에 의해서 증명 또는 논박되는 게 아님이 분명하기 때문이다. 만일 여러분도 거스름돈을 그대로 가져버릴 것이 맞다면 여러분의 말과 행동이 일치하지 않음을 주장했다는 점에서 그 상대방이 옳을 수 있겠지만 그렇다고 해서 부당한 거스름돈을 묵인하는 것이 정직하다는 논증까지 타당하게 되지는 않는다. 이러한 오류를 피장파장이라고 하는 이유는 말하는 사람(상대방)의 믿음이나 행위에 비추어서 결론이 증명될 수 있다는 취지로 이루어진 것이기 때문인데, 취지 자체가 논리적으로는 명백한 잘못이다."[14]

이처럼 명백히 비논리적이지만 피장파장의 논리는 현실에서 유용하게 이용된다. "나만 잘못한 게 아닌데, 왜 나한테만 그래?"라는 말이 대중들을 설득하고 선동하는 데 공감 가는 논리구조를 가지고 있기 때문이다.

양비론이든 양시론이든, 아니면 둘 다 틀린 부분도 옳은 부분도 있다는 양비양시론이든, 피장파장이든 현실에서 최선의 결론을 찾아 나아가려는 '이상'에는 부합하지 않는다. 사회나 공동체는 서로 다른 의견들 속에서 공론公論을 모아 그 힘으로 앞으로 나아간다. 공론은 치열한 토론과 논쟁 속에서 검증을 거쳐 만들어진다. 그런데 둘 다 그르거나 맞다고 이야기하는 것은 "옳은 것이 없다"고 말하는 것과 같다. 진리는 없다고 말하는 포스트모던 시대에 양비론과 양시론은 전성기를 맞이하고 있는 것일지도 모른다. 이를 극복하지 않는다면 우리 사회가 더 나은 사회로 나아가기 위한 공론은 그 시작부터 위기인 것이다.

양비론과 양시론이 팽배한 세상에서 어느 입장도 선택하기

껄끄러운 혐오정서는 중립이라는 지대를 더욱 매력적으로 만든다. 마치 신처럼 객관적 위치에서 관조하며 이건 이래서 틀리고, 저건 저래서 틀리다고 말하는 것이 꽤 합리적인 입장처럼 보이기 때문이다. 하지만 세상에 '신'의 위치에서 관조할 수 있는 '사람'은 없다. 유체이탈을 하지 않는 한, 결국 어떠한 입장이든 자신의 계급적 권리와 이익에 무관하지 않다는 것이다.

전지적 시점은 현실에 없다

2016년에 나홍진 감독의 영화 〈곡성〉이 히트를 쳤다. 이해하기 쉽지 않은 줄거리와 서사구조임에도 불구하고 많은 대중들의 사랑을 받았다. 영화는 곡성이라는 지역에서 벌어지는 미스터리한 사건의 중심에서 주인공 종구(곽도원 분)가 겪는 혼란을 다룬다. 이 영화가 이해하기 어려운 이유의 핵심은 바로 시점의 붕괴이다. 대개의 영화들이 전지적 시점에서 주인공이 알 수 없거나 보지 못한 것들을 관객에게 보여줌으로써 이해를 돕는 것에 비해, 〈곡성〉은 주인공 종구와 관객의 시점이 거의 일치한다. 전지적 시점을 붕괴함으로써 영화 내의 정보가 종구와 관객들에게 다다를 때는 왜곡되거나 일부만 전달된다. 때문에 관객은 종구와 함께 혼란스러운 상황에서 영화를 본다. 〈곡성〉 포스터에 적힌 헤드카피는 "절대 현혹되지 마라"다. 하지만 감독의 의도 때문인지, 관객들은 전지적 시점의 붕괴 상황에서 종구와 함께 현혹되기 일쑤다.

현실은 영화 〈곡성〉과 같다. 전지적 시점이라는 것은 현실에 존재할 수 없다. 모두가 각자의 시점에서 현실을 바라볼 뿐이다. 다만 〈곡성〉이 전지적 시점을 붕괴시킴으로써 관객을 현혹시킨다면, 현실은 대중들에게 마치 전지적 시점인 것 같은 착각을 부여함으로써 현혹시킨다. 일종의 객관주의를 일반화하는 것이다. 객관주의objectivism는 본래 "인간은 만물의 척도"라고 주장한 소피스트의 상대주의를 주관주의subjectivism라 명명하고, 이와 반대되는 입장을 가리키는 용어로 쓰인다. 즉, 세상에 객관적인 진리가 존재한다는 견해를 일컫는 것이다. 하지만 여기서 말하는 객관주의는 자신의 입장과 처지를 이탈하여 전지적 시점에서 객관적으로 모든 상황을 살피고 판단할 수 있다는 '시점의 오만'을 가리키는 용어로 쓰고자 한다.

객관은 주관의 반대다. 일반적으로 주관적–개인적 입장보다 객관적 입장에서 주장하는 내용을 타당하게 여긴다. 어떠한 견해를 '옳다, 그르다'라고 말하기 이전에, 그 견해가 개인적인 견해인지 아닌지를 밝히고 '객관적으로 옳은 것'을 옳다고 취급한다.

하지만 세상에 완전히 '객관적'이라는 위치는 없다. 왜냐하면 우리 모두는 각자의 입장과 처지에 있기 때문이다. 물론 특수한 경우에 자신의 입장과 처지를 벗어나 옳은 것을 추구하는 사람도 있다. 일제강점기에 조선 독립을 지원한 일본인이 있었던 것처럼 말이다. 하지만 이 또한 일본인이라 할지라도 일본제국주의가 사실은 일본인에게도 결코 옳은 행동이 아님을 밝히는 문제로 해석되어야 마땅하다. 어쨌든 사람들은 사회구성원으로서 존재하면서 각자 계급과 계층 등 여러 가지 정체성을 가지고 살아간다. 그런데 극단적으로 전지적 시점을 추구하고 객관주의를 시도하는 것은 이 정체성을 배반하는 결론을 이끌어낸다. 내가 노동자라면 노조를 지지하고 응원하는 것이 일반적으로 마땅하다. 노조의 행위를 언제나 선善이라고 규정할 순 없지만, 일반적인 경우 노동자라면 노조의 입장에 서는 것이 스스로의 권익을 위해 최선이기 때문이다.

정치적-이념적 문제에서 '옳다, 그르다'라고 규정할 때는 항상 주어가 내포되어 있다. 누구에게는 옳고, 다른 누구에게는 옳지 않다. 어떤 정책과 제도든 공동체의 구성원들 누구에게는 이익이고 다른 누구는 손해를 본다. 그리고 전체 공동체의 입장에서 대다수 구성원들의 권리를 신장하고 이익을 보장하는 것이 '옳다'라는 평가를 받는다. 그렇다면 우리는 '정치적 옳음'을 주장하

119

기에 앞서 주어를 규정해야 한다. 과연 누구의 권리와 누구의 이익을 위해 정치할 것인가를 정해야 한다. 그런데 이러한 시점을 붕괴시키고 전지적 시점에서 관조하고 평가하는 것이 극단적 객관주의이고, 이는 정치적 중립이라는 모호한 태도를 용인한다.

결국 정치적 중립은 자기 시점을 확보하지 못한 무기력한 태도에서 나온다. 자기 시점을 확보하지 못하는 경우는 사회 대다수를 포괄하는 계급이나 계층에서 더욱 두드러진다. 오히려 기득권이라고 불리는 1%의 계급은 철저하게 자기 시점으로 정치적 입장을 선택하는 것에 반해, 99% 대다수의 구성원들은 각자의 시점을 파괴당하고 현혹된다. 여기서 중립이나 중도라는 정치적 지대는 구성원들이 별다른 저항이나 거리낌 없이 진입할 수 있는 가장 편리한 도구다. 말 그대로 무난한 선택지이기 때문이다. 하지만 중립과 중도라는 무난한 정치적 입장을 선택했다고 해서 그들의 삶과 일상이 무난해지는 것은 아니다. 아마 더욱 힘들고 처참해질 가능성이 높다. 더 나은 삶을 위해서는 전지적 시점을 붕괴시키고, 객관이 아닌 주관적 입장에서, 중립이나 중도가 아닌 자신의 처지와 입장에 기반한 정치적 선택이 필요하다.

정치, 더럽다고 피할 수는 없다

다원화, 다양성의 시대다. 지금 세계는 다양한 '무언가'들로 넘쳐난다. 의견이나 취미, 성향이 각자 다르고 이 다양한 사람들의 요구에 맞는 각종 상품들이 쏟아져 나온다. 조금만 노력하면 자신에게 딱 알맞은 무언가를 누구나 선택할 수 있다. 물론 자본주의 사회에서 돈이 없으면 선택하는 자유도 폭이 좁아지지만, 어쨌거나 선택의 여지는 모두에게 열려 있다. 정치 또한 마찬가지다. 이념적 스펙트럼에 따라 여러 정당들이 존재하고 그중에 자신의 성향에 맞는 것을 골라 정치 활동을 할 수 있다. 물론 창당하거나 무소속으로 활동하는 것도 가능하다. 하지만 정치는 다른 분야들에 비해 별로 매력적이지 않다. 좋아하는 아이돌이나 야구 구단은 하나씩 있어도, 지지하는 정당이 있으면 매우 특별한 취급을 받는 시대가 된 것이다. 왜냐하면 정치는 관심을 가지기에는 재미없고 피로하고, 또 귀찮은 일이기 때문이다.

자유는 때로 인간을 피곤하게 한다. 그러나 이 피곤함을 극복하려는 노력이 없다면 사실 자유를 누릴 자격 또한 없다. 우리는 방향성이 없는 무한한 극단적 자유 속에서 자신의 자유를 선별적으로 택한다. 이 선택에서 결코 배제되어선 안 되는 자유가 바로 정치적 입장을 선택할 자유다. 정치라는 것은 우리의 삶과 긴밀하며, 권리와 이익에 직결된다. 또한 정치는 세상이 나아가고자 하는 방향성을 말하며, 정치적 올바름을 구현하는 과정에서 세상의 시시비비와 진리적 기준이 마련된다. 정치가 옳고 그름을 가리는 판단과 기준에서 무관하지 않다는 뜻이다. 따라서 정치에 무관심하다면 옳고 그름을 따지는 판단과 기준에 무관심한 것이고, 선이지 악인지, 무엇이 옳은 행동이고 옳지 않은 행동인지에도 관심이 없다는 것이다. 옳고 그름에 관심 없는 세상에서 '정의'는 구현될 수 없다. 결국 정치혐오는 진리에 대한 혐오로 이어지고, 삶과 일상에서 염세주의로 이어진다.

사실 정치혐오는 인류 역사에서 항상 존재해왔다. 제정일치 사회에서 정치는 인간이 아닌 신들의 영역이었고, 신의 말씀을 전해 듣는 대리자들의 몫이었다. 봉건시대에 정치는 국가의 주인인 왕과 귀족들의 몫이었다. 누가 백성들의 편인지, 어떠한 정책과 제도가 더 나은 삶을 만들어내는지 알 수도 없었고 알 필요도 없었을지 모른다. 하지만 민주주의의 시대가 도래했고, 국가의 주인은 더 이상 개인이 아닌 국민 모두인 세상이다. 현실이 어떻든 정치는 우리 모두의 몫이며, 의무이자 권리이다. 이런 시대에 정치혐오가 있다면 거기에는 누군가의 의도가 개입되어 있다고 의심해볼 수 있다. 대다수 구성원들이 정치에 무관심할 때, 그 무관심을 통해 이익을 얻는 누군가가 존재한다는 것이다.

언론이나 미디어를 통해서 접하는 정치는 언제나 부정부패와 비리로 점철되어 있다. 때문에 대중은 정치인을 항상 거짓말만 일삼는 상종 못할 부류로 여기며, 정치는 불결한 취급을 받는다. 그렇다고 해서 정치를 외면해야 할까? 동양의 고전인《맹자》에는 '지사불망재구학志士不忘在溝壑'이라는 구절이 있다. 뜻이 있는 선비는 어느 때나 죽음을 결단하고, 개천이나 구렁텅이에 몸을 버림을 잊지 않는다는 의미이다. 죽음을 무서워해선 안 된다고 해석할 수도 있지만, 개천이나 구렁텅이처럼 더러운 곳에서 몸을 뒹구는 것을 두려워하지 말아야 한다는 격언으로 읽을 수도 있다. '뜻'이라는 것은 현실에서 이루어내는 것이다. 현실이 진흙탕이라고 해서 그로부터 벗어나 고고하고 순결한 채로 존재한다면, 어떠한 뜻이든 무용한 것이 된다. 현실이 진흙탕이라면, 기꺼이 진흙탕 싸움을 감내해야 한다. 그리고 이 진흙탕 싸움은 몇몇 정치인들이 아니라, 민주주의를 지향한다면, 우리 모두가 감당해야 할 몫이다. 진흙이 더럽다고, 그러니 진흙 묻은 정치인이 더럽고 진흙 낭자한 정치판이 더럽다고 피한다면, 정치는 더 이상 우리의 몫이 아니게 된다. 순수하고 고결한 태도가 더 나은 삶으로 이어지는 것은 아니다.

정치혐오는 정치적 중립을 만든다. 불결한 것을 피하고 선택을 유보하는 것이다. 어쩌면 진흙탕 밖에서 그나마 진흙이 덜 묻은 정치인을 가려내고자 할지 모른다. 진흙탕 싸움이 끝나고 스스로 깨끗해지길 기다리고 있을지도 모른다. 하지만 세상 그 어느 것도 힘의 작용 없이 저절로 변하지 않는다. 힘의 작용이 없다면 관성의 법칙처럼 원래 흘러가던 방향대로 끊임없이 더러워지기만 할 뿐이다. 정치적 중립이 아니라, 단호한 선택과 참여만이 진흙탕 싸움을 종결하고 정치혐오를 극복하는 유일한 방법이다.

틀려도 좋다, 주장하라

여기 도형이 하나 있다. 누구는 이 도형을 원이라고 말했고, 다른 누구는 원이 아니라 삼각형이라고 말했다. 그리고 또 다른 누구는 두 의견을 모두 거부하면서 동시에 합치해 원뿔이라고 결론을 내렸다. 단순한 예시이지만 이 과정을 정반합, 변증법의 과정이라고 볼 수 있다. 원이 정正, 삼각형이 반反, 그리고 원뿔이 합合이다. 변증법이란 이처럼 진리가 A라는 주장과 이에 반대하는 B라는 주장, 그리고 이 둘의 모순관계를 합치하는 과정으로 밝혀진다는 내용이다. 이를 현실사회에 적용하여, 사회가 정반합의 변증법적 과정으로 끊임없이 질적 변화하고 발전한다고 주장한 철학자가 바로 칼 마르크스다. 이를 변증법적 유물론dialectical materialism이라고 부른다. 변증법적 유물론의 핵심은 사회모순이 결국 그 사회가 질적 도약하는 원인이 된다는 것이다. 그리고 이 사회모순의 실체는 갈등과 대립이다. 계급모순이든 구성원 간의 투쟁이든, 갈등과 대립이 없다면 그 사회는 발전하거나 변화를 도모할 수 없다. 그런데 우리 사회의 중립에 대한 열풍은 갈등과 대립을 회피하려는 의도에서 비롯한 것이고, 그 효과를 실제로 발휘하고 있다.

우리 사회에서는 자신이 틀린 주장을 할까 봐 두려워한다. 주장뿐만이 아니라 심지어 질문마저 꺼린다. 자신이 이해를 잘못해서 창피를 당할까 봐, 혹은 다른 사람에게 상처를 입힐까 봐, 아니면 지금은 옳다고 생각하지만 나중에 틀린 주장이 될지도 몰라서 '주장'하는 것 자체를 피한다. 자신의 주장이 틀릴 수도 있다는 여지를 남겨두는 것은 다른 사람들과 함께 살아가는 세상에서 삶의 태도로서 중요하다. 역지사지의 마음으로, 자신과 의견이 다른 사람의 입장에서 한번쯤 생각해보는 것 역시 중요하다. 하지만 이는 주장 자체를 하지 않는 것과는 전혀 다르다. 서로의 의견 사이를 가로지르는 주장이 없다면, 그 사회는 어떠한 결론도 도출해낼 수 없으며 앞으로 나아갈 수도 없다.

세상이 정반합의 변증법으로 발전하고 변화한다면, 지금 우리 사회는 정과 반이 갈등하고 충돌하는 지점을 부수어버린 것이다. 이는 사회를 정체시키며, 무력하게 만든다. 설사 틀린 주장일지라도 드러내고, 모순을 만들고, 합의 과정을 이끌어내는 문화가 필요하다. 틀려도 좋다. 틀린 주장도 변증법 안에선 합의 과정 중 하나일 뿐이다. 현실에서 자신의 주장이 정일지, 반일지, 합일지 판단하는 것은 거의 불가능하다. 다만 그 과정 중에 놓여 있다는 것만으로 변화 발전에 기여하는 것만큼은 분명하다. 정치적 중립은 입장을 포기하고 선택을 회피하는 것이며, 변증법적 변화 발전에서 불필요하다. 우리는 두려워하지 말고 주장해야한다.

삶과 정치 앞에 중립은 없다

지금 사회에서 사용하는 '중립'이란 단어는 명백한 허구이며, 합리성으로 포장된 얄팍한 환상이다. 중립이 있다면, 그것은 자동차 기어뿐이다. 심지어 기울어진 길에서는 기어를 중립으로 놓아도 자동차는 굴러 내려간다. 중립의 속성이 이와 같다. 가만히 있으려 해도, 결국은 무게중심을 기존 사회 쪽으로 한 발짝 옮기는 꼴이 된다.

흑인 인권투쟁 시기, 백인 역시 동등한 가치를 지닌 인간이니 흑인 처우에 대한 백인의 의견도 똑같이 존중해야 한다는 의견에 대해 중립을 지켜야 할까? 1987년 이전 민주화운동 시기에 시위 도중 경찰에 끌려가는 대학생을 보며 누군가 "꼭 대통령을 국민 손으로 직접 뽑아야 해? 정치에 관심 쏟을 시간에 생업에 종사하는 게 삶의 질을 위해 더 좋은 선택 아닌가? 국가 경제에도 그게 더 도움이 되지 않을까?"라고 말한다면, 어떻게 해야 할까? 성소수자의 존재에 관해 한 교회장로가 "모든 생물의 존재 이유는 번식이야. 성소수자는 생식도 못하는데, 그런 걸 어떻게 인정하라고?"라고 한다면, 그때도 중립을 지킬 수 있을까? 의견이 대립할 때 중립적 의견을 제시하는 사람이 나타나는데, 이는 의도와 무관하게 기득권에 힘을 실어주는 결과를 낳는다. 어느 쪽에도 치우치지 않으려는 중립적 시도는 일견 합리적으로 보이지만, 결과적으로 언제나 한쪽 편을 들게 된다.

너무 비약이 심한 걸까? 위의 의견들에 대해서는 이미 해답이 난 것이 아니냐고 반문할 수도 있다. 하지만 앞장에서 언급했던 다른 예시들을 살펴보자. 반값등록금 투쟁에서 정치적 중립을 외치는 학생회, 학교와 노조의 갈등 사이에서 중립을 선택한 학생회. 그리고 인터넷 뉴스에서 '중립'을 검색해보자. 거의 모든 사안에서 중립은 기득권을 유지하는 역할을 해 왔다. 반값등록금을 놓고 중립을 외치는 것은 기존의 등록금 인상률에 암묵적 동의를

2장 깨뜨려야 할 우리 안의 포스트모던

표하는 것과 다르지 않다. 학교와 노조의 갈등 사이에서 청결을 위해 대자보를 철거하는 것은, 설령 다른 모든 대자보를 철거했다 하더라도, 상대적 약자의 목소리를 철거하는 것이다. 의도치 않았다 하더라도, 실제로 그렇다. 기득권은 중립에 기생해 그 힘을 유지해왔다.

두 사람이 시소를 타고 있다. 한 사람은 덩치가 엄청나게 크고, 다른 한 사람은 매우 왜소하다. 이 둘의 중심을 잡으려면 어떻게 해야 할까? 시소의 정중앙을 밟고 설까? 그러면 물리적 혹은 관념적으로 가운데에 설 수는 있겠지만, 시소의 균형을 바로 잡는 데는 아무런 영향을 끼칠 수 없다. 이럴 때 시소의 정중앙에 서서 "나는 중립이다"라고 외친다면 꽤나 우스꽝스러운 모습이 연출된다. 사실, 아무것도 안 하고 있는 것이므로. 이것이 시소가 아니라 사회라면 어떨까?

우리 사회는 매우 복잡하다. 한 가지 사안에 여러 가지 문제가 걸려 있다. 정치적 문제에 윤리적 문제가 얽혀 있을 수 있고, 회사와 노동자의 이익이 충돌하고 있을 수도 있고, 혹은 종교인들이 크게 반발할 문제가 있을 수 있다. 한 가지 문제에 대해 여기저기서 각자의 목소리로 다른 말을 내뱉는 통에 무엇이 진실인지, 어느 곳을 바라봐야 하는지 너무 혼란스럽다. 모두들 각자의 논리를 가지고 있고, 일리가 있어 보인다. 하지만 그 안에 '나'라는 개인은 어느 위치에 있는지 생각해보자. 초월자인가? 전지적 작가시점인가? 주님인가? 아니면, 부모님의 빚을 물려받을 서울의 비정규직인가?

세상이 스포츠 경기라면, 우리는 심판이 아니라 선수다. 경기를 진행하는 건 시스템이고, 평가하는 건 역사다. 그런데 정치적 중립이라는 이데올로기는 심판의 입장에서 경기를 조율하고 평가하려 한다. 하지만 우리가 심판이 아니라 선수라면? '편'을 정확히 정해야 한다. 누구의 '편'에서 누구를 위해 뛸 것인지 결정해야 한다. 중립 입장이 가능한 사안이 있을 수도 있겠지만, 적어도 삶과 정치 앞에 중립은 없다. 왜냐하면 삶과 정치는 생존의 문제이기 때문이다. 기울어진 운동장이라는 현실에서 우리가 할 수 있고 또 해야 하는 일은, 실체적으로 존재하지도 않는 중립이 아니라, 함께 더 나은 삶을 위해 노력할 '편'을 선택하는 것이다.

2장 깨뜨려야 할 우리 안의 포스트모던

2. 합법주의:
합법에 대한 강박이 문제다

전교조 법외노조 논란

전국교직원노동조합(이하 전교조)은 지난 2012년 고용노동부로부터 '법외노조' 조치를 공식 통보받았다. 해직교사 9명을 노조에 포함하고 있다는 이유였다. 고용노동부는 전교조에게 해직자를 조합원으로 인정하는 규약에 대해서 시정을 명령했고, 전교조는 이를 거부했다. 결국 고용노동부는 '법외노조' 조치를 통보했고, 전교조는 하루아침에 법의 테두리 밖으로 쫓겨났다.

고용노동부의 논리는 언뜻 그럴싸하다. 다음은 '노동조합 및 노동관계조정법'15 2조의 일부 내용이다.

4. "노동조합"이라 함은 근로자가 주체가 되어 자주적으로 단결하여 근로조건의 유지·개선 기타 근로자의 경제적·사회적 지위의 향상을 도모함을 목적으로 조직하는 단체 또는 그 연합단체를 말한다. 다만, 다음 각목의 1에 해당하는 경우에는 노동조합으로 보지 아니한다.

가. 사용자 또는 항상 그의 이익을 대표하여 행동하는 자의 참가를 허용하는 경우

나. 경비의 주된 부분을 사용자로부터 원조받는 경우

다. 공제·수양 기타 복리사업만을 목적으로 하는 경우

2장 깨뜨려야 할 우리 안의 포스트모던

라. 근로자가 아닌 자의 가입을 허용하는 경우. 다만, 해고된 자가 노동위원회에 부당노동행위의 구제신청을 한 경우에는 중앙노동위원회의 재심판정이 있을 때까지는 근로자가 아닌 자로 해석하여서는 아니된다.

마. 주로 정치운동을 목적으로 하는 경우

전교조는 해직교사를 가입대상에 포함하고 있어 '노동조합 및 노동관계조정법'상 노동조합의 소극적 요건을 구비하지 못했다는 것이다. 즉, 법에 어긋나는 규약을 시정하라고 명령했고, 이를 거부했기 때문에 법으로 보호해주지 않겠다는 논리다. 법을 기준으로 보았을 때, 일면 타당해 보인다.

이번엔 전교조의 입장에서 살펴보자. 노조는 노동자들의 권익을 보호하기 위해 존재하고, 이를 위해 함께 싸우는 곳이다. 부당하게 해고당한 노동자들이 있다면 이들을 위해 함께 싸우는 것이 노조 본연의 역할이다. 따라서 노조의 합법적 지위를 유지하기 위해 해고당한 노동자들을 버린다면, 노조로서의 목적과 가치를 상실한다. 전교조 해직교사 9명은 대부분 사회와 교육의 진보를 위한 활동 및 투쟁을 벌이다 해고당했다.[16] 이러한 해직교사들을 전교조가 지켜낼 수 없다면, 참교육을 중심으로 한 교육운동을 포기하는 것이다. 합법적 노조 지위와 전교조 본연의 역할, 둘 중 하나를 선택하라는 고용노동부의 조치에 대해 전교조 입장에선 당연히 후자를 선택할 수밖에 없었을 것이다.

노조가 법의 영역에서 인정받기까지는 꽤 오랜 시간이 걸렸다. 노조의 합법적 지위는, 노동권이라는 개념의 사회적 합의를 위해 싸워왔던 모든 과정들의 결과물이라고 볼 수 있다. 이 과정에서 법은 일반적으로 열악한 노동환경을 옹호하거나 노동자들의 단결과 권리쟁취를 방해하는 수단으로 작용했다. 십대의 노동자를 하루 14시간씩, 저임금으로 착취하는 것도 '합법'이었던 시대가 있었던 것이다. 법은 자본가 계급과 기득권에게는 자신들의 이익을 대변하고 노동자들을 탄압하는 하나의 무기였다. 이러한 환경에서 노동자들은 자신들의 권익을 위해 뭉쳤고, 노조를 만들어 맞섰다. 그리고 합법적 지위를 확보한 노조까지 만들어낸 것이다.

전교조 또한 마찬가지이다. 전교조는 1989년 정식 출범한 이후 1999년 합법적 지위를 확보할 때까지 법의 테두리 안에서 보호받지 못했다. 당시 정권은 전교조 교사들을 '좌경의식화 교사'로 매도하는가 하면, 없는 사실을 허위로 보도하는 등 전교조 탄압에 열을 올렸다. 전교조 결성으로 인해 해직된 교사만 1,527명에 달한다. 10년 동안 탄압에 맞선 결과 1999년 전교조는 합법화될 수 있었다.[17]

2017년 12월 현재 전교조 법외노조 사건은 대법원의 판결을 기다리고 있다. 판결의 향방은 알 수 없지만 전교조가 법으로부터 지위를 보장받지 못하는 상황임에도 불구하고 법원에서 인정받을 수 있을지에 대한 문제는 고민해볼 만하다. 법이 곧 정의고, 법을 위반하는 행위를 옳지 않음으로 규정한다면 전교조는 이제 노조로서 인정받을 수 없다. 하지만 전교조는 법외노조 결정을 탄압으로 규정한다. 현 상황을 합법화 이전에 전교조가 받았던 탄압의 연장선에서 바라보는 것이다. 전교조 법외노조 사건에서 법은 옳고 그름에 대한 판단기준일까, 아니면 사회가 진보를 위해 넘어서야 할 대상일까? 우리가 판단해야 한다.

정의로운 학생들을 처벌하는 정의로운 법?

2015년 12월 31일 대학생 30명이 일본대사관에서 기습시위를 벌였다. 박근혜정부가 강행한 일본군 '위안부'에 관한 한일합의를 규탄하기 위해서였다. 이 한일합의는 아베정부가 10억 엔을 내면 더 이상 일본군 '위안부' 문제에 관하여 한일 양 정부가 논의할 수 없다는 불가역적 합의라는 내용을 담고 있다.[18] 하지만 이 합의는 피해당사자인 일본군 '위안부' 피해자들의 동의 없이 진행되었다. 한일 양국 간의 정치적 이해관계에 따라 당사자 동의 없이 멋대로 합의를 맺었고, 게다가 앞으로 더 이상 이 문제를 논의할 수 없게 만들어버린 것이다. 피해자가 사과를 받는 방식에도 내용에도 동의하지 않았는데 10억 엔으로 모든 문제를 덮어버린 이 한일합의는 '굴욕 외교'라고 불리기도 한다.

당시 여론은 한일합의에 대한 비판과 불만으로 들끓었다. 온라인과 SNS에서는 한일합의가 메인 이슈였고, 한일합의 이후 일본대사관 앞 소녀상 철거가 거론되자 소녀상을 지키는 대학생들에 대한 지원과 관심은 엄청났다. 거의 매일 시민들이 핫팩과 따뜻한 음료를 전해주는 것은 물론 전기장판이나 이불 등 지원 물품으로 많은 관심과 애정을 보였다. 이런 상황에서 처음으로 한일합의에 대한 여론에 불을 지핀 것은 30명 대학생들의 일본대사관 기습시위였다.

여론은 대부분 이 대학생들의 행동을 '정의롭다'고 표현했다. 한일 양 정부가 일본군 '위안부' 피해자들의 아픔을 돌보지 않는 '불의'를 저질렀고, 이에 용감하게 '정의로운 행동'으로 맞섰다는 것이다. 한일 일본군 '위안부' 합의 무효를 위한 대학생 대책위원회는 기습시위에 대해 "12.28 한일 일본군 '위안부' 합의에 맞서 싸운 대학생들의 행동은 정당하다"고 표현했다. 하지만 검찰은 집회 및 시위에 관한 법률 위반과 건조물 침입 혐의로 대학생들

2장 깨뜨려야 할 우리 안의 포스트모던

을 입건했다.

분명 대학생들의 기습시위는 현행법을 위반한 행동이었다. 과거 비슷한 사례들을 봤을 때, 대학생들은 벌금형을 비롯한 법적 처벌을 받을 가능성이 높다. 이 법적 처벌은 굴욕적 한일합의에 저항한 정당하고 정의로운 행동의 대가다.

이들의 행동이 일단 정의로운 행동이었다는 것을 전제로 한 뒤, 법적 처벌이 온당한지에 대해서 논해보자. 이는 조금 어려운 문제다. 법치주의 국가에서 법은 온당히 지켜야 하며, '법=정의'로 여겨진다. 그런데 법을 어기는 행동이 정의로운 상황에 놓인다면, 법의 존재 의미가 혼란스러워진다. 그럴 때 우리는 어떤 반응을 보여야 할까. 기습시위는 법을 어긴 행위이니 처벌하는 것은 옳다고 해야 할까? 대학생들의 행동은 옳지만 법을 어긴 대가는 마땅히 감수해야 할 책임이라고 말해야 할까?

합법주의의 딜레마

'합법주의'는 현행법에 저촉되지 아니하는 범위 안에서 합법적인 수단으로 노동운동이나 사회운동을 하려는 태도를 말한다.[19] 한국 사회에서는 1987년 6월항쟁으로 인한 이른바 민주화 이후,

더 이상 독재군부정권이 아닌 사회에서 합법적 테두리 안에서 사회진보운동이 가능하다는 논리로 발현된다. 합법주의 관점에서 보면 전교조 법외노조 문제는 논란이 될 것도 없고, 대학생들의 일본대사관 기습시위는 옳지 않은 것이 된다. 법을 지키면서 충분히 의견을 표현할 수 있는데, 왜 굳이 불법 행위로 사회질서를 무너뜨리는가 하는 비판을 살 것이다.

하지만 역사의 진보는 항상 법을 넘어서 왔다. 대한민국 국가 탄생의 이념을 설명하는 헌법 전문에 쓰여 있는 3.1운동, 대한민국임시정부, 4.19혁명 그 어느 것 하나 당시에 합법인 것이 없었다. 이는 법을 넘어서는 미래의 가치를 지향했기 때문일 것이다. 법은 시대를 넘어서는 가치를 따라갈 수 없다. 즉, 합법주의에 갇혀서는 미래의 가치를 논할 수 없다.

합법주의는 법을 절대화하면서 사회 진보를 정체시킨다. 현재의 법 테두리 안에서 진보를 논한다는 것은 법을 고정불변한 룰(규칙)로 간주하는 것이다. 현 사회시스템의 가장 중요한 작동원리 중 하나인 법을 고정불변한 것으로 바라보면서 진보를 논하는 것 자체가 모순이다. 결국 합법주의는 현재 사회의 상태를 더 이상 진보할 필요가 없다고 진단하는 것에서 비롯된다.

합법주의는 법에 대한 강박을 만든다. 일상에서 정의에 대한 판단기준을 오로지 법으로만 삼기 때문에, 판단기준을 고민하는

2장 깨뜨려야 할 우리 안의 포스트모던

모든 노력을 포기하게 만든다. 어떤 창의적인 사고를 하더라도 그 끝에는 항상 법이 가로막고 있다. 현행법을 넘어서는 그 어떤 생각도 용납하지 않는다. 백만 촛불이 모여도 경찰이 세워놓은 차벽 하나 넘지 못하듯이 말이다.

안티고네와 자연법사상

고대 그리스 작가인 소포클레스의 희곡 《안티고네Antigone》는 법에 관한 논쟁에서 자주 거론되는 작품이다. 이 작품에서 논쟁을 벌이는 두 인물은 안티고네와 크레온이다. 안티고네의 두 오빠인 에테오클레스와 폴리네이케스는 테베의 왕위를 두고 서로 싸우다 죽었다. 이에 섭정을 맡은 크레온은 본래 왕으로서 테베를 지키다 죽은 에테오클레스의 장례는 성대하게 치르게 하고, 왕위를 차지하려고 외국 군대를 끌고 쳐들어왔던 폴리네이케스는 짐승밥으로 버리게 하고 장례를 금지시킨다. 그리고 누구든 이를 어기면 죽음을 면치 못한다는 명을 내린다. 하지만 안티고네는 크레온의 명을 어기고 폴리네이케스의 장례를 치른다. 여기서 안티고네와 크레온의 논쟁이 시작된다.

　폴리네이케스의 시신을 묻어주다 잡혀온 안티고네는 왜 명을 어겼느냐며 분노한 크레온에게 이렇게 답한다.

그 법을 저에게 내리신 것은 제우스 신이 아니었습니다. 저승의 신들과 함께 사시는 정의의 신도, 사람의 세상에 그런 법을 정해놓지는 않으셨습니다. 또한 저는 글로 쓰인 것은 아니지만, 그러나 확고한 하늘의 법을 넘어설 수 있을 만큼, 임금님의 법령이 사람의 몸으로서 강한 힘을 가지고 있다고는 생각하지 않았습니다. 하늘의 법은 어제오늘 생긴 것이 아니고 불멸한 것이며, 그 시작은 아무도 모릅니다.[20]

즉, 형제의 시신을 묻지 못하게 한 것은 사람의 법이고 형제의 시신을 마땅히 수습하는 것은 신들의 법인데, 그렇다면 자신은 사람의 법을 어기는 한이 있더라도 신들의 법을 지키겠다는 것이다. 여기서 안티고네의 주장이 흥미로운 이유는 그가 말한 '신들의 법'이 자연법사상과 맥락을 같이하기 때문이다. 안티고네는 인간이 자신들의 사회에서 정한 실정법보다 더 우선적으로 지키고 보장해야 할 가치나 도리를 '신들의 법'이라고 표현했다. 그리고 실정법이 '신들의 법'의 영역을 침범했을 때, 실정법을 위반할 수 있다는 주장을 펼친다.

자연법은 말 그대로 자연 상태에서의 법이다. 인간은 문명을

2장 깨뜨려야 할 우리 안의 포스트모던

창조하기 이전에도 지켜야 할, 민족과 문화와 시대를 초월한 보편성을 가지고 있었다. 그 어디에도 기록되거나 문서화되어 있지 않지만, 실정법과 대비되어 인간이라면 보장받아야 할 기본권 혹은 지켜야 할 가치나 도리로 볼 수 있다. 그래서 자연법은 실정법보다 우선하는 지위를 가진다. 자연법에 기초해서 실정법에 저항할 수 있다는 것이 자연법사상의 기본 내용이다.

자연법사상은 근대를 지나면서 그 의미가 많이 퇴색했다. 현대 대부분의 실정법이 자연법사상을 기초로 하고 있기 때문이다. 중세에서 근대로 넘어가는 시기에는 중세의 실정법을 부수는 과정에서 자연법사상이 수단으로 필요했으나, 지금의 실정법은 이미 자연법사상에 기초하고 있기 때문에 한계가 있다는 것이다.[21]

하지만 자연법사상의 내용 자체가 아니라, 자연법사상이 등장한 배경에 대해서는 다시 짚어볼 필요가 있다. 안티고네가 '신들의 법'이라고 표현했고 근대에서 '자연법'으로 표현한, 실정법을 넘어서는 인간 고유 혹은 본래의 가치와 도덕은 지금 이 시대에도 아직 유효한가? 우리 시대에 '신들의 법'은 무엇일까? 안티고네가 '신들의 법'을 지키기 위해 실정법에 저항했던 것을 어떻게 바라봐야 할지 고민해야 한다.

악법도 법이다?

부당하게 신을 모독하고 아테네의 청년들을 타락시켰다는 죄로 사형선고를 받고 감옥에 갇힌 소크라테스는 국외 탈출을 권유받았으나, 비록 악법이라 해도 법을 어겨서는 안 된다는 신념을 가지고 기꺼이 독약을 마셨다.[22]

위의 인용은 소크라테스가 말했다고 전해지는 "악법도 법이다"라는 논리의 전형으로, 우리 사회 곳곳에서 통용되고 있다. 이러한 논리에 기초해서 한국의 군부독재세력은 소크라테스에 환호했다. 자신들의 독재가 '악법'이라 할지라도 소크라테스 같은 성인들도 존중했던 그 '악법'에 따라 독재를 인정해야 한다는 논리를 펼칠 수 있기 때문이다. 자신들이 악이라는 사실을 스스로 인지하기는 했나 보다. 그들이 만든 악법 때문에 한국 사회는 엄혹한 시기를 견뎌내야 했다. 만약 위 내용이 사실이라면 세계의 성인이라고 일컬어지는 위대한 철학자가 민중을 억압하고 학살한 독재정권에게 최고의 선물을 안겨준 셈이다.

결론부터 말하자면 소크라테스는 "악법도 법이다"라는 말을 한 적도, 의도한 적도 없다. 오히려 소크라테스의 의도는 그와 정반대였다고 볼 수 있다. 당시 소크라테스의 재판은 일종의 정치재판이었다. 아니토스와 멜레토스 등은 아테네의 젊은이들을 현혹하여 다른 신을 섬기게 했다는 죄목으로 소크라테스를 기소했다. 공식적으로도 뭔가 수상쩍은 이러한 죄목의 이면에는 당시 아테네 기득권에게 위협이 되는 철학 혹은 사상을 소크라테스가 설파하고 다녔고, 기득권이 이를 두고볼 수 없었다는 속사정이 담겨 있다. 요즘 식으로 말하면 아테네 기득권 세력이 소크라테스를 체제에 대한 위험분자—일종의 사상범—로 구분했고, 현행법을 통해 소크라테스를 법정에 세운 것이다. 그들은 법정에서 소크라테스에게 스스로 철학하기를 포기한다면 무죄방면하고, 이를 어긴다면 사형시키겠다고 제안(?)했다. 그렇다면 소크라테스는 법정에서 어떻게 대응했을까? 다음은 소크라테스가 법정에서 변론한 내용이다.

아테네인 여러분! 저는 여러분을 반기며 사랑합니다. 그러나 저는 여러분보다는 오히려 신께 복종할 것입니다. 그리고 제가 살아 있는 동안은 그리고 할 수 있는 동안까지는, 지혜를 사랑하는(철학하는) 것도, 여러분께 충고하는 것도, 그리고 언제고 여러분 가운데 누구든 만나게 되는 사람한테 이 점을 지적하는 것도 그만두지 않을 것입니다. 늘 해오던 투로 말씀입니다.[23]

소크라테스는 철학하기를 스스로 포기할 수 없고, '당신들(여러분)에게 복종하지 않을 것'이라고 밝힌다. 신성한 법의 원칙으로 진행되는 법정에 맞서 '저항'한 것이다. 그리고 타협하지 않은 대가로 사형을 선고받는다. 감옥을 찾아온 친구 크리톤이 탈옥을 권유하자 소크라테스는 거부하며 이렇게 말한다.

> 자신들의 나라를 걱정하는 사람들은 모두가 그대를 법률을 망쳐놓은 자로 여기고서 수상쩍게 볼 것이고, 따라서 재판관(배심원)들에게는 그들의 판단을 더욱 확신케 해주어, 그 판결을 옳게 내렸다고 생각하게 할 것이니라. 법률을 망쳐놓은 자는 누구든 아마도 젊은 이들과 생각 없는 사람들을 타락시키는 자인 것으로 충분히 생각될 수 있을 것이기 때문이지.[24]

즉, 자신이 도망가면 자신에게 판결을 내린 사람들이 정당하게 비칠 것이고, 또한 자신의 범행을 인정하는 꼴이 되기 때문에 탈옥을 거부한 것이다. 소크라테스는 시종일관 법과 법정에 저항했고 그에 따라 독약을 선택한 것이지, 악법이라도 지키고 존중해야 한다는 신념으로 판결을 순순히 받아들인 것이 아니다.

우리가 다루고 싶은 부분은 소크라테스 재판에 대한 진위를 가리는 것이 아니다. 문제는 "악법도 법이다"로 대표되는 맹목적

법치주의다. 맹목적 법치주의는 사회운영의 원리로서 법을 절대화하고, 법을 기준으로 모든 것을 판단한다. 하지만 법은 완벽하지 않다. 좀더 과격하게 이야기하면, 법이 완벽하다면 재판이라는 제도도 필요가 없다. 법전에 쓰여 있는 내용 그대로 모든 사안에 적용하기만 하면 된다. 사회구성원들의 행동을 법전이라는 틀에 맞추어 욱여넣고 재단하면 될 일이다. 그러나 재판이라는 제도가 있는 것은 법을 적용하는 방식에도 '판단'이 필요하기 때문이다.

한 사회가 좀더 나은 사회로 나아가기 위해서는 그 사회를 유지하기 위한 수단으로서 법질서도 필요하지만, 한편으로는 법질서에 대한 도전도 필요하다. 이 두 가지가 배치되는 것이 아니라, 상호작용을 하면서 시스템이 굴러가야 한다. 법질서가 법질서에 대한 도전을 무조건적으로 찍어 누르는 순간, 그 사회는 앞으로 나아가기를 포기한 것이다.

법질서에 대한 저항을 수용하면 사회가 무질서해진다는 주장에 대한 반박도 쉽지는 않다. 누가 어떤 방식으로 악법 여부를 판단할지에 대한 문제도 생긴다. 하지만 적어도 법질서에 대한 저항을 허용할지 말지에 대해서, 우리는 사회적 기회비용을 고민해봐야 한다. 만약 법질서에 대한 저항이 허용되지 않는 사회라면 사회 자체는 무리 없이 질서를 유지하겠지만, 그것은 악법이 존재하는 고정불변한 사회이다. 그리고 법질서에 대해 저항이 허용되는 사회라면 끊임없이 변화하는 법질서로 인해 더 나은 사회로 나아갈 수 있겠지만, 무질서로 인한 혼란이 야기될 수 있다. 악으로 통치되는 고정불변한 세상과 무질서로 인한 혼란 중, 우리는 선택할 수 있어야 한다. 물론 이는 극단적인 대비이고 현실에서는 두 입장 모두에 대한 융화와 중용의 방식으로 구현되어야 하지만, 한 사회가 '법질서에 대한 저항'을 어떻게 포용할 것인가에 대해서 극단적으로 생각해보는 방식도 의미가 있다는 것이다.

시민불복종, 우리는 법에 복종하지 않을 권리가 있다

안티고네와 소크라테스의 법에 대한 저항을 현대적 의미로 해석하면 시민불복종 개념과 이어진다. 시민불복종은 미국 작가인 헨리 데이비드 소로[25]가 처음 제시한 개념인데, 정부나 법이 부당하다고 판단될 때 이에 맞서 저항할 권리가 있다는 것이 주된 내용이다. 소로는 스스로가 생각하는 저항의 방식에 대해서 삶으로 표현하기도 했다. 그는 당시 미국의 주류였던 근대적 삶을 거부했다. 필요 이상의 부를 추구하지 않았고 일생을 검소하게 살았으며, 호숫가 땅에 직접 오두막을 짓고 2년 2개월 2일 동안 살기도 했다. 인두세[26]가 부당한 세금이라고 판단하여 납세를 거부하다 감옥에 가기도 했다. 그는 1849년 에세이 《시민불복종 *Civil Disobedience*》에서 법에 대해 합리적 개인이 불복종하는 것은 도덕적으로 필요하다는 저항 이론을 남겼다. 시민불복종 정신은 세계 각지에서 불의에 맞서 저항하는 사람들에게 많은 영감을 주었다. 간디의 인도 독립운동과 미국의 노예제 폐지 운동, 흑인 민권운동이 대표적인 사례다.

흔히 시민불복종은 민주주의 사회에 필요한 요소라고 인정되지만, 현실 속에서 구현되는 시민불복종에 대해 시선이 곱지만은 않은 것이 사실이다. 시민불복종이라는 행위가 대개는 소수가 다수를 설득하는 방식의 한 종류이기 때문이다. 어떤 문제가 있을 때, 맨 처음 이 사안에 대해서 문제의식을 가지고 있는 사람은 대부분 소수다. 소수의 문제의식에 대해서 다수가 공감하지 못하는 상태에서 다수를 설득하기 위한 소수의 시민불복종이 시작된다. 민주주의 사회라면 시민불복종이 인정되어야 한다는 개념을 아무리 이해하고 있더라도, 현실에서 자신이 공감 혹은 동의하지 못하는 사안에 대한 시민불복종을 목격하면 불편해지는 것이 일반적이다. 특히 시민불복종의 형태가 구체적으로 생활에 밀접한 영향을 끼치는 경우—예를 들어 도로점거 시위 등—라면 더욱 그럴 가능성이 높다. 그럴 때 보통 나오는 말이 "투표로 의사를

표현해" 라든가, "법을 지키면서 하면 되잖아. 왜 굳이 저런 방식
으로 해야 해?"이다. 시민불복종으로 발생하는 불편함에 대한 책
임을 시민불복종을 하는 당사자(소수)에게 묻는 것이다. 소로는
다음과 같이 말한다.

> 부당한 법은 존재한다. 우리는 그 법을 준수하며 만족해야 하는가,
> 아니면 그 법을 고치려 노력하되 성공할 때까지는 준수해야 하는
> 가, 아니면 당장 그 법을 어겨야 하는가? 사람들은 대체로 지금과
> 같은 정부 아래서는 다수를 설득해 법을 바꾸게 될 때까지 기다려
> 야 한다고 생각한다. 저항한다면, 해결책이 악보다 더 나쁜 상황이
> 될 거라고 생각한다. 그러나 해결책이 악보다 더 나쁜 상황이 된다
> 면 그건 정부의 잘못이다. 정부가 상황을 악화시킨다. 정부는 왜
> 좀 더 앞일을 예측하고 개혁을 준비하지 않는가? 정부는 왜 현명
> 한 소수를 소중히 여기지 않는가? 다치지도 않았는데 왜 미리 울
> 며 저항하는가? 정부는 왜 국민들이 언제나 깨어 있어 정부의 잘
> 못을 지적하고 정부가 허락하는 것 이상으로 더 훌륭하게 행동하
> 도록 권장하지 않는가?[27]

시민불복종의 책임이 행동하는 개개인들이 아니라, 정부에
있다는 것이다. 애초에 시민불복종의 원인을 제공한 것이 정부이

기 때문이다. 그리고 이를 넘어서 정부의 잘못을 지적하는 행동은 오히려 훌륭한 일이라고 말한다.

미국의 철학자 존 롤스[28]는 《정의론 A Theory of Justice》에서 소로의 시민불복종 개념을 옹호하며 좀더 완전한 형태의 이론으로 발전시킨다. 시민불복종의 조건들을 형식화하여 무분별한 시민불복종에 대한 무차별적 옹호가 아닌, 민주시민사회에서 용인할 수 있는 시민불복종 개념으로 정리한 것이다. 롤스가 제시한 시민불복종의 조건은 다음과 같다.

1. 목적의 정당성
2. 사적인 것이 아닌 공익을 위한 것
3. 최후의 수단으로 사용
4. 비폭력
5. 공개성
6. 성공의 가능성
7. 처벌의 감수

하지만 롤스가 제시한 조건에도 한계는 있다. 특정한 시민불복종 행위가 있을 때 위 조건들에 부합하는지 여부를 판단하기도 어렵고, 성공의 가능성과 처벌의 감수 같은 조건들은 동의하기 어렵기도 하다. 성공할 가능성을 기준으로 시민불복종 가부를 판단한다면, 일제강점기 조선독립을 위한 저항은 무의미한 것이다. 일제로부터의 독립이라는 현실적 요구가 당장 성공할 가능성이 희박했기 때문이다. 또한 유관순 열사가 시민불복종의 방법으로 3.1만세운동에 참여했는데, 처벌을 감수해야 한다고 말할 수는 없다. 만일 유관순 열사가 일제의 현행법을 어긴다는 사실을 스스로 인지했고 처벌을 예상하고 또 각오했다고 해서, 일제가 유관순 열사를 고문해서 목숨을 빼앗은 것을 정당화할 수 없기 때문이다.

그럼에도 불구하고 소로나 롤스 모두 시민불복종을 법이나 지배권력(정부)보다 우선하는 가치로 보았다. 다수의 편일 수밖에 없는, 혹은 다수의 편으로 보이는 것을 목적으로 하는 법질서에 대해서 "다수가 틀리고, 소수가 옳을 수도 있다"는 여지를 사회 어딘가에는 남겨두어야 하기 때문이다. 이는 20세기 파시즘으로 나타난 다수에 의한 폭압적 지배에 대한 마지막 경계 조치이기도 하다. '다수에 대한 소수의 저항'을 고민조차 하지 않았던 것은 파시즘을 야기한 원인 중 하나다. 수많은 인류를 학살시킨 전쟁과 광기의 시대에 대한 전 인류적 반성과 성찰의 결과로 민주사회에서 시민불복종은 반드시 안고 나아가야 하는 개념이다.

법을 지키는 사람과 법이 지키는 사람

법은 결국 통제다. 사회구성원들끼리 자유와 권리를 침범하지 못하도록 강제하는 것이다. 그렇다면 그 법을 누가 만들고 어떻게 적용하는 것일까. 이에 대해 모든 개개인이 자기 자신을 지키기 위해서 약속했다고 믿는 것이 사회계약론이다. 사회계약론은 기본권을 바탕으로 성립된다. 기본권은 인간이라면 누구나 존엄하고 가치 있는 존재이며 행복을 추구할 권리가 있고, 이는 자유권·평등권·참정권·청구권 등으로 나타난다는 내용이다. 기본권을 지키기 위해 우리 모두가 사회를 만들기로 계약했고, 법으로 이를 지킨다는 것이다. 대한민국 국민이라면 이러한 사회계약론과 기본권을 바탕으로 한 법치주의를 의무교육을 통해 배운다. 그리고 이를 의심하지 않고 굳게 믿는 것이 일반적이다. 하지만 정말 우리는 살아가는 사회와 법에 대해서 약속했을까? 암묵적으로 합의했다고 생각하는 것이 정상일까? 혹시 그렇게 생각하도록 만들어진 것은 아닐까?

법은 인류문명의 역사와 함께했다. 인류가 집단생활을 시작하면서부터 법은 적어도 규율로서 존재해왔다. 원시부족이 사냥한 먹이를 어떻게 분배할지 정하는 것도, 왕의 명령을 무조건 따라야 한다는 것도, 태어난 나라의 국교를 믿어야 한다는 것도,

노예로 태어나면 평생을 노예로 살아야 한다는 것도 일종의 법이었다. 그러한 법질서는 해당 사회의 원칙이었고 당연히 지켜야 했다. 물론 법은 진보해왔다. 오늘날에는 노예제도가 없고, 여성도 참정권이 있으며, 왕이 아니라 주권자가 선출한 대표자가 행정 및 통치의 권한을 얻는다. 하지만 법이 달라져서 세상이 나아진 것은 아니다. 세상이 좀더 나아졌고, 그다음에 법이 세상에 맞추어 진보한 것이 맞는 순서다.

조금 더 정확히 이야기하면, 법은 언제나 지배권력의 정당성을 지키기 위해 존재해왔다. 조선시대 신분질서는 신라의 골품제보다 나은 형태의 계급질서였지만, 두 시대의 법질서는 조선 사대부와 신라 귀족계급의 지배권력을 옹호하고 정당화했다는 점에서는 같다. 지배권력의 범주가 달라진 것이지, 본질이 변한 것은 아니다. 오늘날의 법질서 또한 마찬가지이다. 근대를 거치며 자본주의 사회가 등장하면서 부르주아가 새로운 지배권력이 되었다. 그러나 그들에게는 봉건시대 지배권력과 달리 신으로부터 받은 통치의 권한이 없었다. 부르주아에게는 기존의 법질서와는 완전히 다른 개념이 필요했다. 그들이 선택한 것은 바로 기본권이었다. 모든 인간이 마땅히 가져야 할 권리를 제시했고, 이는 '사유재산'을 보장하는 것을 핵심으로 삼았다. 그들은 자신들 권력의 핵심기반인 사유재산을 천부인권적 성격으로 규정하면서

2장 깨뜨려야 할 우리 안의 포스트모던

구시대 지배권력을 압도했고, 사회구성원들을 설득했다. 그리고 그들이 만들고 설득한 자본주의 법질서로 지배권력을 유지하고 사회를 통제해왔다. 결국 자본주의 법질서의 본질은 부르주아 계급 지배권력의 정당성을 지키는 것이다.

물론 자본주의 법질서는 이전 시대보다 훨씬 더 나은 형태이다. 지배권력의 범주는 더 넓어졌고, 계급 간 유동성은 더 자유로워졌으며, 세상은 더 평등해졌다. 그렇다고 해서 자본주의 법질서가 영원히 고정불변하며 옳은 것은 아니다. 예컨대 조선의 사대부 질서가 신라의 골품제보다 상대적으로 평등하고 낫다고 해서 조선시대의 노예제가 정당화될 수 없듯이 말이다. 오히려 세상은 아직도 불평등하고 더 나아져야 한다. 가진 자와 가지지 못한 자의 격차는 그 어느 시대보다 심각하며, 늘어난 인구만큼 굶어 죽는 인구도 그 어느 시대보다 많다. 같은 일을 하는 노동자들도 정규직과 비정규직으로 갈려 차별받고, 똑같이 뇌물을 바쳐도 중소기업은 처벌받지만 재벌은 처벌받지 않는다. 자본주의 사회에는 자본주의 법질서가 보장하는 불평등 구조가 있는 것이다.

이 시대의 지배권력은 자본주의 사회의 불평등 구조를 유지시키고 정당화하는 힘을 법을 통해서 구현하고 있다. 그들은 법을 통해서 점거농성에 들어간 노조에게 손해배상청구를 함으로써 탄압을 하고, 법을 통해서 사상의 자유를 통제하고 있으며(국가보안법), 법을 통해서 권력과 재산을 상속하며 그 힘을 유지하고 있다. 그들은 사회구성원들에게 법을 지킬 것을 요구하면서, 자기 자신들을 지키도록 법을 시스템화했다. 사회구성원들에게 법을 지키는 것이 자기 자신을 지키는 것이라고 굳게 믿도록 하고, 실상은 지배권력을 지키는 본질을 유지한 것이다. 그렇게 하기 위해 법질서가 자유와 평등을 보장하는 존재인 것처럼 포장하고 믿게 하고 있다.

법을 지키는 사람과, 법이 지키는 사람은 다르다. 안타깝지만 현실이다. 아무리 모든 인간이 행복을 추구할 권리를 가지고 있다고 가르쳐도, 조금만 고개를 돌려보면 그 권리를 보장받는 사람과 보장받지 못하는 사람이 따로 있다는 것을 알 수 있다. 법의 틀 자체를 깨야 한다거나 법의 무용론을 말하고 싶은 것이 아니다. 다만 법이 지키는 지배권력의 범주가 더욱 확대되어야 하며, 최후에는 법을 지키는 사람과 법이 지키는 사람이 동일해져야 한다는 것이다. 법전에 쓰여 있는 행복추구권이니 자유니 평등이니 휘황찬란한 말들이 수사에 그치지 않고 본질이 되어야 한다. 이 과정은 현존하는 법질서에 저항하는 것으로만 가능하다. 법은 수단이지 목적이 아니다. 법은 수단으로서 실용적으로 인식하면 된다. 법을 목적으로 추구하는 순간, 법을 수단으로 인식하는 지배권력에게 저항할 권리를 잃게 된다.

자본주의는 법을 '기술'로 만든다

2016년, 가습기살균제 사건[29]이 전국을 떠들썩하게 했다. 2001년부터 출시된 옥시레킷벤키저(이하 옥시)를 비롯한 가습기살균제에 PHMG(폴리헥사메틸렌구아니딘) 인산염과 PGH(염화에톡시에틸구아니딘) 등 유독성 물질이 포함되어 있었고, 이 때문에 1,106명의 사망자가 발생했다. 가습기살균제로 인해 첫 사망자가 나온 건 2002년이고, 2011년 9월 가습기살균제피해자모임이 결성되어 사건의 해결을 요구하고 책임을 물었지만, 5년이 지나서야 널리 알려지기 시작했다. 믿을 수 없을 만큼 충격적인 사건이었고, 국민들은 분노했다. 하지만 국민들의 분노도 자본주의의 힘은 이길 수 없었나 보다.

2017년 1월 6일 가습기살균제 사건의 주요 책임자와 피의자들에게 법원이 무죄 또는 검찰 구형량의 절반에도 못 미치는 형량을 선고했다. 업무상과실치사상, 표시·광고의 공정화에 관한 법률(표시광고법) 위반 등 혐의로 기소된 신현우 전 옥시 대표에게 징역 7년(검찰 구형은 징역 20년)이, 신 전 대표의 후임인 존리 전 대표에게는 증거 불충분으로 무죄가 선고됐다. 함께 기소된 오 모 전 세퓨 대표에게 징역 7년, 자체 브랜드(PB) 제품을 만들어 판매한 혐의를 받은 김원회 전 홈플러스 그로서리매입본부장은 징역 5년, 노병용 전 롯데마트 대표에게는 금고 4년, 옥시, 세퓨, 홈플러스 세 제조사에는 벌금 1억 5천만 원이 각각 선고됐다. 천여 명이 죽은 일을 십여 년 동안 덮고 감추었던 벌이 고작 이 정도였다. 그리고 이 뒤에는 대한민국 최고 로펌이라는 김앤장이 있었다.

김앤장은 많은 법조인들에게 꿈의 직장이기도 하다. 아마도 연봉을 떠나, 대한민국 최고의 실력을 가진 법조인들이 모인 곳이라는 평판 때문일 것이다. 한국 사회에서 법을 가장 잘 아는 사람들, 법에 대한 실력으로 인정받은 사람들이 모인 김앤장에서 가습기살균제 사건에 대한 옥시 측의 법률대리를 맡았다. 그리고 대한민국 최고의 법전문가들은 이 사건 피의자들이 가벼운 형량을 받는 데에 일등 공신이 되었다. 그런데 김앤장은 옥시 측의 변호를 담당하던 중 증거은폐 의혹까지 받았다.[30] 여기에서 김앤장이 옥시 측 변호를 맡았다는 윤리적인 부분을 짚어보자는 것도 아니고, 살인자의 변호를 맡은 변호사를 어떻게 평가할 것이냐는 직업윤리에 대해서 논하고 싶은 것도 아니다. 우리가 눈여겨봐야 할 문제는 자본주의 시스템 안에서 법의 역할이다.

자본주의 사회에서 자신을 변호할 법률대리인을 고용하는 것은 당연한 권리이다. 하지만 이 권리는 정확히 돈으로 제한된다. 돈이 많을수록 능력 있는 법률대리인을 고용할 수 있기 때문이다. 이 시스템 안에서는 실력이 검증된 법전문가들이 자본주의의 기득권에 철저히 복무한다. 문제는 이러한 법률가들과 기득권은 법을 원칙이 아니라, 자신들의 이익을 수호하는 '기술skill'로서 다룬다는 것이다. 이들에게 법은 일반 대중들이 인식하는 법과 전혀 다른 의미이다. 교과서에서 가르치는 법과도 전혀 다른 맥락이다. 그들은 재판에서 법을 자신들의 이익을 보호하는 무기로서 다룬다. 법이라는 무기를 잘 아는 기술자들을 고용해 불법을 합법으로, 합법을 불법으로 만들기도 한다. 결국 자본주의를 더 잘 이해하는 사람들일수록 법을 원칙이 아닌 기술로서 바라본다. 왜냐하면 자본주의는 합리적이고 이기적인 인간을 상정한 시스템이고, 그게 가장 합리적이고 이기적인 행동이기 때문이다.

우리는 법이 만인에게 평등해야 한다고 믿는다. 하지만 현실은 그렇지 않다. 법에 대한 자본주의의 속성과 법치주의의 속성이 서로 충돌하기 때문이다. 그리고 현실에서 법치주의는 자본주의보다 약하다.

법 위의 권력, 법비[31]

법비法匪란 법을 가장한 도적 무리, 즉 비적匪賊(떼지어 다니는 도적)

을 말한다. 법비는 일제강점기 때 만주에서 법을 이용해 혹독하고 무자비하게 사람들을 몰아대던 일본 관리들을 가리키는 말이었다. 온갖 비적이 들끓던 만주에서도 법으로 무장한 법비를 가장 무서운 비적으로 꼽았다고 한다. 법비들은 법을 절대시하여 민중들을 억압하고, 자신에게는 법률을 궤변적으로 해석하여 이익을 도모한다. 한겨레TV에서 제작한 〈해방 70돌 특집 다큐, 법비사: 고장 난 저울〉은 김기춘이라는 한 인물을 통해 대한민국 법비의 존재에 대해서 말했다. 법비란 법으로 만들어진 법 위의 권력이라고 할 수 있다. 박근혜-최순실 게이트가 터지기 전에는 좀처럼 수면 위에 떠오르지 않았던 김기춘과 우병우, 이 둘은 대표적인 대한민국 법비였다.

김기춘은 서울대 법대 3학년 재학 중인 1960년 제12회 고등고시 사법과에 합격했다. 그 뒤 정수장학회의 전신인 5.16장학회로부터 장학금을 받으면서 박정희 일가와 인연을 맺기 시작했다. 박정희 정권의 법률담당이었던 신직수[32]가 그의 후견인이 되면서 김기춘은 출세의 길을 달리기 시작했다. 김기춘은 박정희 정권의 유신헌법을 만드는 데 핵심 역할을 하며, 법무부 과장으로 고속승진한다. 그리고 신직수를 따라 중앙정보부 법률보좌관을 맡으며 문세광 저격사건[33] 수사에 깊이 관여하면서 어린 박근혜에게 눈도장을 받았다. 당시 문세광은 수사 중 일체 대답을 하지 않고 묵비로 일관했다고 한다. 그러던 와중 김기춘이 수사팀에 합류했고, 김기춘은 문세광의 말문을 열었다. 이로써 수사의 물꼬가 트였고, 수사당국은 문세광의 배후로 조총련을 지목할 수 있었다. 그리고 문세광을 육영수를 살해한 범인으로 확정짓고 사형시켰다. 이 사건으로 김기춘은 박근혜에게 어머니의 원수를 갚게 도와준 은인이 되었다. 문세광 저격사건에 큰 공로를 세운 뒤 중앙정보부 대공수사국장으로 승진했다. 35세 젊은 나이에 중앙정보부에서 가장 막강한 부서의 책임자가 되어 명실상부 유신체제의 핵심세력이 된 것이다. 이후 김기춘은 청와대 법률비서관을 거쳐 10.26사건으로 박정희가 죽자 잠시 중앙보직에서 밀려나 법무부 출입국관리국장을 맡았다. 5공화국 기간에 찬밥 취급을 받던 김기춘은 노태우 정권이 등장하자 검찰총장으로 화려하게 복귀했다. 검찰총장 임기를 마친 후에는 법무부장관을 역임했다. 이후 신한국당의 공천을 받아 고향 거제에서 국회의원에 당선됐고, 내리 당선되면서 3선 의원이 되었다. 그리고 박근혜정부에서 청와대 비서실장 자리에 앉아 '기춘대원군', 박근혜 정권의 실세가 되었다.

김기춘이 출세 가도를 달리며 한국 사회에 미친 영향은 그야말로 범죄 그 자체였다. 그는 박정희 독재정권의 이론적 토대인 유신체제 법질서의 설계자이자 수호자였다. 그 유명한 초원복집 사건[34]이 밝혀졌을 때 구속되어 처벌받아야 마땅했지만, 그는 미꾸라지처럼 위기를 빠져나갔다. 중앙정보부에서 일하면서 조작한 간첩 사건[35], 법무부장관 당시 강기훈 유서대필 사건[36], 국회의원 당시 노무현 대통령 탄핵 사건, 청와대 비서실장 당시 통합진보당 해산 사건 등 김기춘은 한국 사회 민주주의의 탄압과 퇴보를 선두 지휘했다.

우병우는 그야말로 수재였다. 고향 영주에서 그의 영민함에 대한 소문은 자자했다고 했다. 그 좋은 머리로 서울대 3학년 재학 중인 1987년, 약관의 나이에 사법고시에 합격했다. 1990년 사법연수원을 2등이라는 우수한 성적으로 마쳤다. 우병우는 이후 검사로 재직했는데, 그의 우수함은 검사 시절에도 빛났다. 인품에 대한 평판은 의견이 갈릴지 몰라도, '수사에 있어 최고'라는 점은 모두가 동의했다고 했다. 우병우는 대한민국 엘리트의 전형이었다. 주입식 교육시스템에서, 권위주의로 점철된 대한민국 관료사회에서 그는 언제나 1등이었다. 그런 그가 젊은 나이에 청와대 민정수석이라는 대한민국 지도층의 반열에 오른 것은 어떻게 보면 당연한 일이다. 그의 출세 가도는 능력주의적 관점에서 합당한 대가였다. 하지만 그는 지금 박근혜−최순실 게이트의 중심에 서 있다. 온갖 권력형 비리를 중심에서 선두지휘했다는 혐의를 받고 있다. 그는 우수한 머리로 법이라는 무기를 가질 수 있

었고, 법이라는 무기로 법과 도덕의 영역을 넘나들며 범죄자가
됐다.

법비는 법치주의 국가에서 기생충 같은 존재다. 법에 기생하
며 자신들의 이익을 위해서라면 법치라는 원칙마저도 갉아먹는
다. 법비에게 법은 목적이 아니라 수단이다. 자기 이익을 위한
수단. 하지만 국민들에게는 법이 목적이라고 가르친다. 지배권
력에게는 수단, 국민들에게는 목적으로 법이 절대화되는 순간 통
제는 완벽해진다. 우리는 알아야 한다. 우리가 법을 경외하는 만
큼, 김기춘과 우병우 같은 수많은 법비들은 배를 불리고 있다는
것을. 법을 지키지 말자는 것이 아니다. 법을 두려워하지 말자.
옳은 행동을 한다면 법이 지켜줄 것이고, 지켜주지 않는다면 그
법을 바꿔야 한다.

'헌법 안 진보'라는 오만

통합진보당에 대한 내란음모 수사가 한창이던 2013년 9월, 당
시 정의당 원내대표였던 심상정은 국회에서 열린 원내대표단 회
의에서 통합진보당을 겨냥해 "국민들은 헌법 밖의 진보를 결코
용납하지 않을 것"이라고 말했다. 또한 "대한민국 헌법과 법률에

의거해 존재하는 공당이고 그 소속원이라면 이번 수사에 당당하게 임해야 한다"며 "진실에서 한 치의 어긋남도 없이 실체가 밝혀지도록 철저하고 엄중하게 수사되어야 한다"고 거듭 강조했다.[37]

표현만 보면 공안당국에서 낼 법한 성명의 내용이다. 과연 진보를 주창하는 정당의 대표가 한 말인지 의심스럽다. 진보진영에 대한 정권의 탄압을 비판하고 함께 싸우지는 못할망정, 정권의 공안탄압에 동조하여 공격하고 있다. 백번 양보해 통합진보당의 내란음모 사건이 진실인지 탄압인지 진위 여부를 떠나서 보더라도, '헌법 밖의 진보'를 용납하지 않겠다는 발언은 그가 한국 사회의 진보를 향해 살아온 일평생을 스스로 부정하는 것이다. 심상정이 변한 것일까, 아니면 시대가 변한 것일까. 정말 진보는 이제 헌법 안에서만 유효한 것일까?

헌법 자체로만 보면 87년 체제 또한 이미 한계를 맞이하고 있다. 2017년 조기대선 정국에서 모든 정당들은 앞다투어 개헌을 제기했다. 개헌을 이야기하지 않는 대선후보가 없었다. 권력구조가 지나치게 집중되어 있는 대통령 5년 단임제에 대한 논의를 중심으로 다양한 내용의 개헌이 논의되고 있다. 더 이상 87년 체제에서 살 수 없음을 진보든 보수든 알고 있는 것이다. 87년 체제 안의 헌법은 국가보안법을 인정하는 중요 논리로도 작동한다. 대한민국 헌법 제3조는 "대한민국의 영토는 한반도와 그 부속도

서로 한다"는 조항을 통해 한국정부의 영향력이 미치지 못하는 북한을 '반국가단체가 불법으로 점거하는 지역'으로 분류한다. 국가보안법에는 '북한'이란 단어가 단 한 번도 등장하지 않지만 헌법 제3조에 따라 북한은 자동으로 '반국가단체'가 된다. 이러한 논리구조로 옹호되는 국가보안법은 심지어 적국으로 규정되는 북한이 아니라, 대한민국 안에서 진보를 외치는 수많은 사람들을 탄압해왔다.

헌법 또한 변하고 진보해야 하는 대상이다. 필요하다면 제헌의회를 소집해서 헌법 자체를 뜯어고칠 수도 있다. 따라서 우리 사회의 진보를 원한다면 당연히 헌법의 틀을 넘어 고민해야 한다. 하지만 한국 사회에 만연한 빨갱이, 종북이라는 마녀사냥은 이를 허용하지 않는다. 이런 상황에서 진보의 대표주자를 자처하는 심상정은 이를 깨기는커녕, 종북과 아님을 구분하는 기준으로 헌법을 제시한 것이다. 법을 준수하면 좋은 진보, 어기면 나쁜 진보(종북)로 구분하자는 것일까? 아니다. 법을 넘어서야 종북이라는 마녀사냥이 깨진다.

법 안의 진보라는 합법주의는 일종의 공포에서 시작한다. 대중들로부터의 고립, 종북이라는 낙인, 공안탄압에 대한 두려움. 이 모든 것들이 진보를 법 안에 가두어버린다. 법 밖의 진보를 죽이고 있는 상황에서 법 안으로 들어가자는 구호는 투항이다. 투항하는 진보는 한국 사회에 필요 없다. 지금의 한국 사회에 필요한 구호는 '헌법 밖의 진보'를 통해 새로운 비전을 제시하는 것이다.

2장 깨뜨려야 할 우리 안의 포스트모던

3. 자유민주주의:
보통 국민은 권력이 없다

'지금의 민주주의'를 의심하다

우생학eugenic의 창시자라고 불리는 프랜시스 골턴은 여행 중 들른 한 마을에서 가축 품평회를 보게 되었다. 거기에서 소 한 마리의 무게를 알아맞히는 대회가 열렸다. 사람들이 각자 추측한 소 한 마리의 무게를 적은 뒤 투표함에 넣으면, 실제 무게와 가장 근접한 사람에게 상품을 주는 행사였다. 참여자 중에는 소에 관한 전문가들도 몇몇 있었지만, 대부분의 일반인은 소 한 마리의 몸무게를 제대로 알 리가 없었다. 누구는 터무니없이 많은 무게를 적어내고, 어느 누구는 훨씬 못 미치는 무게를 적어내기도 했다. 몇몇 전문가들도 다른 이들에 비해 근접했으나 정확히는 맞히지 못했다. 이렇게 800여 표가 모였고, 무게를 정확히 맞힌 사람은 아무도 없었다. 그런데 놀랍게도 이 모든 표를 모아 평균을 내보니, 소 무게와 가까운 값에 도달했다. 실제 소 무게는 1,198파운드였는데 사람들이 적은 무게의 평균값은 1,197파운드였다. 800여 명 각자가 맞히지 못한 무게를 그들 모두가 함께 맞힌 것이다.

골턴의 가축 품평회 이야기는 집단지성과 민주주의에 관한 유명한 일화이다. 선거를 앞두었을 때마다, 여러 사람의 힘이 필요할 때마다 종종 거론된다. 개개인의 선택은 어리석을지 몰라도, 어리석은 한 사람 한 사람이 모여 집단으로서 힘을 발휘할 때 가장 현명한 선택을 할 수 있다는 것이다. 민주주의 사회는 실제로 이러한 논리에 기초해 있으며, 때때로 대중들의 집단지성을 필요로 한다. 집단지성이 구현되지 않는 민주주의 사회에는 민주적 원리가 구현된다고 볼 수 없으며, 집단지성이 사실이 아니라면 민주주의 사회는 올바른 선택을 담보하지 않기 때문이다. 우리는 집단지성을 구현하기 위해 문제를 마주했을 때 조금 더 민주적인 방법을 찾으려 노력하고, 조금 더 직접민주주의에 도달하기 위해 제도에 대해 고민한다. 2016~2017년, 촛불집회는 집단지성의 극치를 보여주었다. 수많은 사람들이 광장에 모여 촛불을 들고 각자의 목소리를 모아내는 촛불집회는 민중의 힘으로 대통령 탄핵을 이룬 집단지성의 현실판이었다.

너도 나도 민주주의를 외친다. 2016년 말 박근혜-최순실 게이트가 공론화된 이후, 평소 정치에 관심이 없던 사람들의 입에서도 민주주의가 오르내리고 있다. '87년 민주화' 이후로 민주주의라는 단어가 최근처럼 많이 들린 때는 없었을 것이다. 언론 역시 민주주의를 말하며, 각 정당들도 민주주의의 위기를 언급하고, 청문회에서도 민주주의라는 단어가 들려온다. 그동안 부당한 정권에 억압당하던 혹은 불만이 있었던 수많은 대중들은 민주주의를 외치며 거리로 쏟아져 나왔다. 기자가 집회에 참여한 사람들에게 "집회에 어떻게 나오게 되었나?"라고 물으면, 하나같이 "민주주의를 지키러 나왔다"고 말하곤 한다. 해외 언론에선 한국의 민주주의를 극찬하고 나선다. 시민들이 이만큼 민주주의에 관심을 가지고 참여하는 나라는 없다는 것이다. 외신의 칭찬에 대한민국의 민주시민들은 모두 가슴이 뜨거워진다. 정권을 규탄하는 집회에서 애국가를 부르고 붉어진 눈시울을 훔친다.

대한민국=민주주의. 대한민국은 이제 민주주의 그 자체가 된 것 같다. 한국 사회에서 민주주의는 절대 의심해선 안 될 절대적 권위를 가지게 되었다. 하지만 모두가 민주주의를 외치는 지금이야말로 우리의 민주주의에 대해서 다시 한번 고민해볼 필요가 있지 않을까? 우리가 지금 정말 민주주의 사회에 살고 있는지, 민주주의가 우리의 삶과 사회정의를 담보해주는지, 민주주의가 도대체 어떤 의미인지 말이다.

대한민국의 민주주의는 서구에 비해 역사가 짧다. 게다가 자생적으로 구현된 것이 아니라, 1945년 해방 이후 외부에서 이식됐다. 스스로 이룬 민주주의가 아니어서 그랬을까, 역사의 절반 이상을 독재에 시달렸다. 그러다 민중의 저항과 투쟁 덕분에 6월 항쟁 이후 87년 체제라 불리는 개헌으로 지금의 민주주의 체제가 완성되었다. 87년 체제의 가장 큰 특징은 대통령을 국민투표로 선출한다는 점이다. 이 헌법은 지금까지 유지되고 있고, 대한민국 정치제도의 근간을 이룬다. 87년 체제는 비교적 짧은 기간에 국민의 손으로 직접 일군 민주주의라는 면에서 우리 사회의 큰 자부심이기도 하다.

하지만 민주주의에 대한 자부심과는 별개로, 한국 사회는 먹고살기 녹록지 않다. 20년째 경제 침체다. IMF 외환위기 이후 뉴스에서 "경기가 좋다"는 말은 사라졌다. 많은 노동자들이 일자리를 잃고 거리에 나앉았고, 그나마 사정이 나은 사람들은 치킨집과 편의점을 차렸다. 일자리에 남아 있는 노동자들은 비정규직과 정규직으로 나뉘었으며, 비정규직은 정규직과 같은 일을 하지만 절반의 급여를 받으며 언제 해고될지 모르는 불안감으로 고통받고 있다. 무한 경쟁의 사회 풍토는 한국 사회에서 하나의 이데올로기로 완전히 자리 잡았다. 서로가 서로를 짓밟지 않고선 살아남을 수 없는 세상이 된 것이다. 거리로 나앉지 않기 위해, 일자리를 잃지 않기 위해, 정규직이 되기 위해 우리는 옆사람과 싸우고 그를 밟고 올라서야 한다.

물론 모든 사람들이 고통받는 것은 아니다. 부자들은 계속해서 부자가 되고 있고, 집 가진 사람들의 집은 계속 늘어나고 있다. 평생 일해도 집 한 채 마련하기 어려운 시대지만 대한민국에서 집을 가장 많이 가진 사람은 무려 2,312채를 보유하고 있다.[38] 사실 경제 침체는 우리 모두의 침체가 아니라, 불평등의

심화를 의미했다. 한국의 지니계수(소득불평등 지수)는 2013년에 0.347를 기록했다.[39] OECD 34개국 중 7위에 이르는 심각한 불평등이다. 김영삼 정부 이후 소득불평등은 계속 증가하는 추세다. 경제적 불평등만 증가한 것이 아니고, 사회적 혼란도 계속 증가하고 있다. OECD 국가 중 여성에 대한 폭력은 1위를 다투고, 자살률은 오랫동안 1위를 굳건히 지키고 있다.[40]

다른 나라들을 살펴보자. 현재 민주주의는 글로벌 스탠더드이다. 잘사는 나라는 대부분 국회의원들을 국민이 뽑을 수 있는 나라들이 아닌가? 민주적 제도를 갖추지 못한 국가들은 모두 후진국인 것만 같고, 민주주의가 없는 나라들은 모두 독재자들이 국민들의 고혈을 뽑아먹고 있을 것만 같다. 그런데, 과연 그럴까? 유엔이 발표한 〈2015년 세계행복보고서〉에 따르면 한국은 전세계 158개국 중 47번째로 행복한 국가다. 우리나라보다 행복한 나라는 대체로 서구 민주주의 국가들이지만, 그렇지 않은 국가들도 있다. 아랍에미리트, 사우디아라비아 등 우리가 아는 민주주의 정치체제와 거리가 먼 시스템을 채택한, 후진국이라고 알고 있는 나라들도 우리나라보다 행복지수가 높다.

동남아시아에 브루나이라는 국가가 있다. 작은 영토에 40만 인구가 모여 사는, 세계적으로 그리 주목받지 않는 나라 중 하나다. 브루나이는 현재 세계에서 몇 안 되는 절대왕정 국가 중 하나

169

다. 브루나이의 주인은 국민이 아니라 국왕이다. 브루나이 국민들은 민주주의가 아닌 봉건국가에 살고 있는 것이다. 석유와 천연가스 등 막대한 지하자원을 토대로 브루나이의 국왕은 빌 게이츠보다 많은 자산을 가지고 호화롭게 산다. 과연 브루나이의 국민들은 이러한 절대왕정 국가에서 행복할까?

브루나이의 1인당 GDP는 무려 5만 달러에 달한다. 전 국민은 무상교육, 무상의료, 노약자 연금, 빈곤층 주택 제공 등 압도적인 복지혜택을 누리며 살고 있다. 이렇게 사회보장 시스템을 누리며 살아가지만 납세의 의무는 없다. 약 25%의 국민들은 공무원으로 고용되어 안정적인 직장을 보장받는다. 브루나이 왕가는 명절이 되면 600억 원에 달하는 세뱃돈을 국민들을 위해 준비하고, 가구 당 4대의 자동차를 선물로 주기도 한다.[41] 행복지수도 당연히 상위권이다. 실제로 브루나이에서 민주화를 요구하는 정치세력이 없는 것은 아니지만, 왕가에 대해 국민들이 압도적 지지를 보내고 있어 자체 해산하는 판국이라고 한다. 이런 상황인데 브루나이 국민들에게 민주주의가 옳은 것이니, 더 나은 가치를 위해 왕정을 포기하고 민주주의를 선택하라고 설득할 수 있을까?

이렇듯 민주주의는 경제적인 풍요도, 사회구성원들의 행복도 담보하지 않는다. 무관한 정도가 아니라, 어쩌면 민주주의라서 우리 사회가 이렇게 힘든 건 아닌지 의심이 들 수도 있다. 아직도 박정희 독재의 향수에 젖어 "우리나라는 독재를 해야 잘산다"고 말하는 어르신들의 말씀은 이와 비슷한 맥락에서 읽힌다. 그렇다면 우리 사회는 도대체 왜 민주주의를 신봉하는 것일까? 인류가 수많은 피를 흘리며 갈망하고 싸워서 쟁취했고, 지금도 절대적 진리로 받아들여지는 민주주의는 왜 우리 사회의 수많은 문제들을 해결하지 못하고 있는 걸까?

바로 지금 이 시대, 우리의 민주주의가 한계에 봉착해 있기 때문이다. 지금의 민주주의에는 자유주의, 개인주의, 권위주의 등 민주주의에 어울리지 않는 사상적 내용들이 엉켜 있다. 민주주의라는 큰 틀만을 목표로 현실에서 구현하다 보니 그 안에 담길 내용을 만들어가는 고민이 부족했던 것이다. 앞서 말했던 골턴의 가축 품평회 일화에서 우리는 집단지성과 민주주의가 800명 개개인의 힘이 아니라, 800명을 하나의 집단으로 바라보는 힘에서 비롯됨을 상기해야 한다. 대중의 진짜 힘은 민주주의라는 껍데기가 아니라, '내용'을 만들어가는 과정에서 나온다.

이제 민주주의 그 자체에 대해서 의심하고 고민해야 하는 시기에 이르렀다. 지금의 민주주의를 넘어서는 민주주의를 고민하지 않는다면, 현실에서 아무 문제도 해결하지 못하고 더 나은 삶을 보장하지도 못하는 지금의 민주주의는 무너질 것이다. 이것은 파시즘에 대한 경고이기도 하다. 지긋지긋한 독재로 돌아가지 않기 위해서라도, 지금의 민주주의를 넘어서야 한다.

철학자들이 민주주의를 경계한 이유

영국의 철학자 알프레드 노스 화이트헤드는 "서양철학은 모두 플라톤에 대한 주석에 불과하다"고 말했다. 고대 철학자 플라톤은 그만큼 철학사에 큰 영향을 미친 인류의 최고 지성 중 하나다. 그런데 플라톤은 평생에 걸쳐 고대 아테네의 민주정을 비판했다. 민주주의를 반대하는 입장이었던 것이다. 그의 스승이었던 소크라테스도, 제자였던 아리스토텔레스도 비슷했다. 그들 각자가 주장하는 정치체제는 달랐지만, 적어도 민주주의를 반대한다는 점에서 일치했다. 소크라테스는 민주정을 운영하는 정치세력과 갈등을 빚다 사형선고를 받고 죽기까지 했다. 도대체 인류 최고의 지성들이 민주주의를 반대했던 이유는 무엇이었을까? 단순히 시대적 한계 때문이었다고만 말하기에는 석연치 않다.

민주주의의 핵심 원리는 '다수에 의한 지배'다. 하지만 다수가 동의한다고 해서 반드시 그것이 옳은 선택이라고 할 수 있을까? 오히려 다수가 아니라, 현명한 한 사람이 내리는 답이 옳을 가능성이 높지 않을까? 철학자들의 민주주의에 대한 고민은 바로 여기에서 출발한다. 다수 그 자체가 옳은 결정을 담보하는 것이 아니며, 더 나은 통치방식이 가능하다는 것이다. 민주정체에서 통치자는 선거로 선출된다. 그렇기 때문에 통치자는 '옳은 정치'가 아니라, '선거에서 선출될 수 있는 정치'에 대해 고민한다. 이 둘은 분명 다르며, 과열된 선거는 정치권을 인기영합주의에 물들게 할 우려가 있다. 결국 사회 전체를 위한 정치와 인기를 얻기 위한 정치는 다르며, 우리가 지향해야 할 정치는 전자라는 것이다. 플라톤은 사회 전체를 위한 정치를 고민할 수 있는 사람은 일반 정치인이 아니라, 철학자라고 생각했다. 따라서 철학자가 통치하는 국가, 철인통치가 가장 현명한 정치체제라고 주장했다. 플라톤이 주장한 철인통치는 현재의 관점으로 바라보면, 반민주-독재와 다름없지만 그 의도는 한번쯤 고민해볼 만하다.

현대 국가에서 '다수에 의한 지배'로 일어날 수 있는 오류를 경계하기 위해 도입한 개념이 바로 '공화주의'다. 대한민국을 포함한 현대 대다수 국가가 '민주-공화국'을 표방하고 있다. 언뜻 보면 민주주의와 공화주의가 같은 개념으로 보이지만, 이 둘은 다르다. 민주주의가 고대 아테네의 민주정에서 따온 개념이라면, 공화주의는 고대 로마의 공화정에서 따온 개념이다. 따라서 아테네와 로마의 정치체제를 비교해보면 공화주의를 이해하기 쉽다.

　아테네의 민주정에서는 '시민'이 정치적 주체이다. 여기서 시민은 노예와 여성, 외국인 등을 포함하지 않는 아테네의 정치적 특권계층을 의미한다. 하지만 귀족과 일반 인민들을 모두 포괄한, 신분상의 계급은 나누지 않는 계층적 개념이다. 아테네의 민주정은 이러한 시민들이 선거, 다수결 등 민주적 원리에 따라 구현한 정치체제이다. 반면 로마의 공화정은 혼합정체라고 불린다. 귀족들의 의견을 대표하는 원로회, 일반 인민들의 의견을 대표하는 민회 등 다양한 체제와 형식을 도입해 어느 한 세력이나 계급이 정치권력을 독점하지 않는다. 공화주의는 '공공의 것'이라는 어원을 가지고 있는데, 실체적인 유래는 군주정과 귀족정, 민주정을 혼합한 형태의 정치체제에서 나왔다. 물론 군주정과 같은 일인독재에 대한 반대가 공화주의의 핵심이라고 볼 수도 있지만, 더 나아가서 살펴보면 '그 어느 사람이나 계급 혹은 계층의 지배도 없는 정치체제'라고 규정할 수도 있다. 이렇게 보면 공화주의는 '다수에 의한 지배'를 거부하는 개념으로 확대된다.

　따라서 '민주-공화국'이라는 것은 민주주의와 공화주의가 서로 공존하면서 서로의 오류를 경계하는 형태라고 볼 수 있다. 《정의란 무엇인가 JUSTICE: What the right thing to do?》라는 책으로 널리 알려진 마이클 샌델 등 공화주의를 주장하는 철학자들의 고민 속에는 공화주의가 민주주의의 한계와 오류를 극복하기 위해 필요하다는 인식이 있다. 이는 민주주의 자체의 개념만으로는 한계와 부작용이 있음을 전제로 한다.

민주주의에 대한 철학자들의 경계는 여기서 끝나지 않는다. 《군주론 Il principe》을 쓴 마키아벨리는 정치를 지향해야 할 가치가 아니라 통치술로 이해했고, 인민들을 정치적 주체가 아니라 통치받는 객체로 보았다. 《리바이어던 Leviathan》을 통해 자연 상태를 '만인에 대한 만인의 투쟁'으로 규정한 홉스는 인민들의 생명과 권리를 지키기 위해 정치권력을 왕에게 위임해야 한다고 주장했다. 물론 민주주의를 주장한 철학자들도 있다. 하지만 한 가지 확실한 것은 수천 년 동안 인류 최고의 지성들이 민주주의의 위험성을 경계했다고 고민했다는 사실이다.

민주주의에 대한 철학자들의 고민의 핵심은 민주주의가 가지는 근본 가치보다는 구현 원리에 있다. 민주주의의 근본 가치는 "주권이 국민에게 있다"는 것이다. 즉, 국가의 정치적 권력이 인민으로부터 나오고, 모든 인민은 정치적 주체라는 내용이다. 민주주의를 고민하는 것이 민주주의의 당위에 대해서 부인하거나 거부하는 것은 아니다. 이러한 당위를 현실에서 구현해나가는 원리로써, 선거나 다수결 등이 올바른 정치와는 거리가 멀거나 오히려 이를 해칠 가능성을 내포하고 있다는 것이다. 고대 아테네는 선거가 아닌 추첨으로 통치자를 선출하기도 했다. 모든 사람들이 권력의 주인이라면, 사실 그중에 인기가 많은 사람이 꼭 통치자가 될 이유는 없다. "누구나 주권자인데, 누가 통치자가 되느냐가 무엇이 중요해?"라고 생각하면 오히려 추첨으로 선출하는 방식이 더 적합할 수도 있다. 인민 모두에게 주어진 주권을 현실에서 구현하는 방식은 꼭 선거나 다수결이 아니더라도 다양하게 존재한다. 수많은 철학자들이 민주주의를 경계했던 것은 아무런 대책 없이 모두에게 권력이 주어져 정치가 방향과 가치 없이 배설될 것을 염려해서다.

그렇다면 우리는 왜 인류 역사가 겪어온 다양한 정치체제 가운데 오류와 부작용의 가능성을 내포한 '위험'한 민주주의를 선택한 것일까? 이는 민주주의가 이러한 위험성을 기회비용으로 삼을 만큼 가치 있기 때문이다. 민주주의의 가치는 역사를 통해 증명된다.

그럼에도 왜 우리는 민주주의를 하는가?

인류가 지구에 존재하며 문명을 창조한 이래, 정치는 늘 인류와 공존해왔다. 오랜 기간 정치는 신으로부터 부여받은 왕의 권력이나 귀족의 특권에 속해 있었다. 민주주의를 통해 모든 인간이 정치적 주체로 규정되고, 정치권력을 나눠 가지는 시대는 인류 역사에서 극히 일부분에 불과하다. 이것은 노예제 같은 신분질서가 무너진 시기부터 비로소 시작되었다. 모든 인간이 '인간'으로서 대접받기 시작한, 혹은 '인간'으로 살아가기 위해 투쟁했던 시기와 밀접히 관련되어 있다.

민주주의는 군주정, 귀족정과 같은 다양한 정치체제 중 하나를 선택하는 문제가 아니었다. 역사 속에서 민주주의는 모든 인간이 자유롭고 평등한 주체로서 규정되느냐 마느냐의 문제에 더 가까웠다. 어떠한 사람에게 정치권력이 주어지냐 마느냐는 그 사람이 인간으로서 살아갈 수 있느냐 없느냐의 기준이기도 하다. 그러므로 민주주의의 역사는 단순히 정치체제가 변화해온 과정이 아니라, 선혈이 낭자한 투쟁의 역사였다. 대다수 보통 사람들이 인간으로 인정받기 위해, 지배권력에 맞서 저항해온 투쟁의 결과물이 민주주의인 것이다. 흔히 민주주의의 태동을 고대 아테네의 민주정에서 찾지만, 근대 민주주의의 시작은 영국과 미국, 프랑스의 혁명 과정에서 찾는다. 그렇기 때문에 민주주의를 제대로 이해하려면, 혁명의 역사를 살펴보는 것이 필요하다.

영국은 의회민주주의의 시초다. 현재도 입헌군주제를 실시하고 있으며 '왕은 군림하되 통치하지 않는다'는 표현으로 알려져 있다. 이렇게 왕실이 존재하지만, 의회가 국정운영 전반을 책임지고, 의회 내에서 다수를 획득한 정당이 내각을 운영하는 '내각책임제' 형태를 처음 시도하고 만들어낸 것이 바로 영국혁명이다. 영국혁명은 1649년의 청도교혁명, 1688년의 명예혁명을 통틀어 말하는데, 이 과정에서 영국의 의회는 왕권으로부터 완전히 독립된 권한과 권력을 획득했다.

제임스 1세로 대표되는 영국의 왕들은 왕권신수설을 신봉하며 강한 왕권을 주창했다. 여기에 영국의 복잡한 종교 상황까지 겹치며 왕과 의회는 갈등을 겪을 수밖에 없었다. 당시 왕이었던 찰스 1세는 의회를 강제해산시키고 11년 동안 열지 않았지만, 바닥난 국고와 전쟁 경비를 충당하기 위해 의회의 도움을 받아야만 하는 상황에 직면했다. 하지만 의회는 이를 거부하고 왕당파와 전쟁을 치르게 된다. 이 전쟁에서 의회파가 승리함으로써 영국은 한동안 왕이 없는 공화국 정치체제로 운영된다. 이때 의회파의 다수가 청교도였기 때문에 이를 '청교도혁명'이라고 부른다.

하지만 공화국을 세우고 운영했던 올리버 크롬웰은 청교도 출신답게 엄격한(?) 정치를 펼치다 민심을 잃었다. 결국 크롬웰이 사망한 뒤 영국은 다시 왕정을 선택한다. 왕이 된 찰스 2세와 이어서 즉위한 제임스 2세는 여전히 왕권만을 중심으로 국정을 운영하려 했고, 의회와 종교적 갈등도 빚었다. 그러자 의회는 제임스 2세를 쫓아내고, 윌리엄과 메리를 왕으로 세웠다. 그리고 윌리엄과 메리에게 의회의 허락 없이는 어떠한 법도 만들 수 없고, 세금도 부과할 수 없다는 〈권리장전 *Bill of rights*〉에 서명하게 했다. 이를 피 없이 권리를 쟁취한 혁명이라 하여 '명예혁명'이라고 부른다. 이로써 의회는 왕과의 권력다툼에서 완전히 승리했다. 왕이 존재하지만 전제군주가 아니며, 법으로 통치되고 의회가 정치권력을 장악한 '입헌군주제'가 탄생했다.

물론 당시 영국의 의회가 지금의 의회와 성격이 같지는 않다. 의회는 귀족들의 기구였고, 정치권력이 왕 대신 귀족세력으로 이전되었을 뿐 대다수 인민들은 정치권력을 쥐지 못했다. 하지만 전제군주를 거부하고, 민주주의 정치제도의 핵심 중 하나인 의회 정치를 시작했다는 점에서 영국혁명은 의의가 있다.

〈권리장전〉의 일부 내용

1조. 국왕은 의회의 동의 없이 법의 효력을 정지시키거나, 법 집행을 정지시킬 수 없다.

4조. 국왕이 의회의 승인 없이 왕이 쓰기 위한 세금을 징수할 수 없다.

6조. 의회의 동의가 없는 한, 평상시에 왕국 내에서 군대를 소집하

179

거나 유지할 수 없다.

9조. 의회 안에서 말하고 토론하고 의논하는 것은, 의회 아닌 어떤

곳에서도 고발당하거나 심문당하지 않는다.**42**

미국의 〈독립선언문*The declaration of independence*〉에는 인민주권,
저항권 등 민주주의 개념의 핵심들이 담겨 있다. 1776년 당시 미
국은 영국의 식민지였지만 정치적 자치기구를 통해 국정 전반을
운영하고 있었다. 하지만 전쟁 준비 등으로 영국의 개입과 경제
적 요구가 많아지자 독립에 대한 열망이 들끓었다. 이에 미국은
영국으로부터의 독립을 선언하고 독립전쟁에 돌입했다. 조지 워
싱턴을 중심으로 13개 주는 〈독립선언문〉을 발표한 뒤 영국과 전
쟁을 벌였고, 승리함으로써 독립을 쟁취했다. 이후 미국은 대통
령제와 연방제를 골자로 하는 새 헌법을 만들고, 미국식 민주주
의를 탄생시켰다. 이를 '미국혁명'이라고 부른다.

미국혁명은 자주독립을 위한 반식민지 투쟁이었다. 식민지
상태에서는 자국의 주권과 인민의 자유, 평등, 행복추구 등이 보
장되지 않는다는 점이 〈독립선언문〉에 명시되어 있다. 민주주의
를 단순히 제도로 보지 않고 인민들이 정치적 권리를 획득하는
과정이라고 보았을 때, 식민지 상태에서는 민주주의 구현이 불가
능하다는 점을 명확히 한 것이다. 물론 원주민이나 유색인종에

대한 탄압과 차별 등 미국혁명의 한계 또한 분명하지만, 민주주의를 자주독립을 통해 구현하려 했다는 점에서 의의가 있다.

〈독립선언문〉의 일부 내용

인류의 역사에서 한 민족이 다른 한 민족과의 정치적 결합을 해체하고 세계의 여러 나라 사이에서 자연법과 자연의 신의 법이 부여한 독립, 평등의 지위를 차지하는 것이 필요하게 되었을 때, 인류의 신념에 대한 엄정한 고려는 우리로 하여금 독립을 요청하는 여러 원인을 선언하지 않을 수 없게 한다.

우리들은 다음과 같은 것을 자명한 진리라고 생각한다. 즉, 모든 사람은 평등하게 태어났으며, 조물주는 몇 개의 양도할 수 없는 권리를 부여했으며, 그 권리 중에는 생명과 자유와 행복의 추구가 있다. 이 권리를 확보하기 위하여 인류는 정부를 조직했으며, 이 정부의 정당한 권력은 인민의 동의로부터 유래하고 있는 것이다. 또 어떠한 형태의 정부이든 이러한 목적을 파괴할 때에는 언제든지 정부를 변혁 내지 폐지하여 인민의 안전과 행복을 가장 효과적으로 가져올 수 있는, 그러한 원칙에 기초를 두고 그러한 형태로 기구를 갖춘 새로운 정부를 조직하는 것은 인민의 권리인 것이다.

프랑스혁명은 인류 역사에서 가장 큰 사건 중 하나다. 프랑스혁명은 전 지구적으로 인류가 민주주의 체제에서 살아갈 수 있었던 시발점이었다. 이는 단지 한 국가의 전제군주가 저항에 부딪혀 처형된 사건이 아니라, 유럽은 물론 당시의 일반적인 사회시스템이었던 봉건제도 자체가 붕괴한 사건이었다. 말 그대로 '구체제의 전복'이었다. 프랑스혁명으로 인해 사회 전체의 권력과 권위는 무너졌다. 인류가 원시부족 상태에서 벗어난 이후 가장 완벽하다고 믿었던 봉건제는 철저하게 파괴되었다. 옛것은 없애고, 새것을 만든다는 기치 아래 프랑스혁명에는 타협이 없었다. 사람도, 제도도, 사상도 봉건제의 유물이라면 모두 죽었다. 이는 당시 프랑스 왕비였던 마리 앙투아네트가 "빵이 없다면 과자를 먹으면 된다"고 말한 것에 파리 시민들이 분노해서 일어난 것도 아니고, 루이 16세와 귀족들의 도를 넘은 사치가 불러온 사건도 아니다. 유럽사회 부르주아 계급이 성장함에 따라 계급투쟁이 벌어진 것이고, 그 투쟁에서 부르주아 계급이 승리한 사건이었다.

부르주아 계급은 본래 법률, 상공업 등 왕과 귀족들의 사치스러운 생활을 유지하기 위해 필요한 일종의 하수인 성격을 띠고 있었다. 하지만 과학과 기술, 철학의 발전은 그들의 직종을 사회에서 꼭 필요한 존재로 만들었고, 그들의 생활은 풍족해졌다. 부르주아 계급의 힘은 점차 강해졌고, 더 이상 왕과 귀족들의 하수인 노릇을 할 필요가 없었다. 게다가 독립과 혁명의 시대적 분위기와, 절대다수였던 농민들의 폭정에 대한 분노는 그들 편이었다. 하지만 그들에겐 왕이나 귀족과 달리 신으로부터 부여받은 신성하고 고귀한 핏줄이 없었다. 그렇기 때문에 스스로 왕과 귀족의 위치를 대체하기보다, 이전과는 완전히 다른 시스템의 국가를 원했다. 사회계약설, 자연법 등 새로운 국가의 사상적 토대는 이미 마련되어 있었고, 영국과 미국 등 현실에서 전제군주를 거부한 사례도 충분히 있었다. 이제 남은 것은 봉건체제 그 자체를 종식시키는 것이었다. 부르주아 계급을 중심으로 한 프랑스혁명은 시대적 요구를 가장 솔직하고 담백하게 받아들인 것이다. 루이 16세가 단두대에서 처형되던 날, 봉건제 또한 인류 역사에서 처형당했다.

〈프랑스 인권 선언〉이라고도 부르는 〈인간과 시민의 권리 선언Déclaration des droits de l'homme et du citoyen〉은 프랑스혁명 기간인 1789년 8월 26일 국민의회가 채택한 선언문으로, 인간이라면 온전히 누려야 할 권리에 대해 다루고 있다. 이 선언문의 영향을 받지 않은 국가가 없을 정도로, 근대 자연법과 정치이념을 명확히 담고 있다. "인간은 자유롭고 평등한 권리를 가지고 태어났다"는 1조를 시작으로 인권의 개념과 종교와 언론의 자유, 신성불가침한 사적소유권 등이 담겨 있다. 프랑스혁명은 다수 인민들이 직접 혁명이라는 과정을 거쳐 이룩해냈다. 정치제도권 안의 권력다툼이 아닌, 계급 간 투쟁에서 인민의 힘으로 직접 승리를 만들어 냈다는 점에서 또 하나의 전환점이었다.

〈프랑스 인권 선언〉의 일부 내용

2조. 모든 정치적 결사의 목적은 인간이 지닌 소멸될 수 없는 자연권을 보전하는 데 있다. 이러한 권리로서는 자유권과 재산권과 신체 안전에 대한 권리와 억압에 대한 저항권이다.

3조. 모든 주권의 원리는 본질적으로 국민에게 있다. 어떤 단체나 개인도 국민으로부터 직접 나오지 않는 어떤 권력도 행사할 수 없다.

4조. 자유는 타인을 해치지 않는 한 모든 행위를 할 수 있는 자유를 의미한다. 따라서 각자의 자연권 행사는 다른 사회 구성원에게도 동등한 권리를 보장해주어야 할 경우 말고는 어떤 제약도 받지 않는다. 이러한 제약은 오로지 법에 의해서만 결정될 수 있다.

11조. 사상과 의견의 자유로운 소통은 인간의 가장 소중한 권리중 하나이다. 따라서 모든 시민은 자유롭게 의견을 말하고 글을 쓰고 출판할 수 있지만, 법에 규정된 경우에는 이러한 자유의 남용에 대해 책임을 져야 한다.

12조. 인권과 시민권의 보장을 위해서 공권력이 필요하다. 따라서 공권력은 모든 사람의 이익을 위해 존재할 뿐 공권력을 위임받은 사람들의 개인적인 이익을 위해 존재하지 않는다.

17조. 소유권은 신성불가침의 권리이므로, 법에서 규정한 공공의 필요성에 의해 명백히 요구되는 경우 이외에는 누구도 소유권을 박탈할 수 없다. 또한 그러한 경우라 해도 소유자가 사전에 정당하게 보상을 받는다는 조건을 갖추어야 한다.

왕에게서 의회로, 식민지에서 자주독립국가로, 구체제에서 새로운 시대로 민주주의는 성장해왔다. 이 성장에는 인간이 인간답게 살기 위한 가치가 언제나 전제되어 있었다. 모든 인간이 스스로 주인된 삶을 살고 국가의 주인이 되기 위해 투쟁했다. 또한 인민이 국가와 사회의 정치권력을 획득해나가는 과정이었다. 왕에게, 귀족에게, 타 국가에게 위임되었던 정치권력을 되돌려 받는 것이 곧 민주주의의 역사였다. 역사를 되돌릴 수 없듯이 자주적 인간이 다시 노예가 되는 것은 불가능하다. 이 시대에서 민주주의를 부인하고, 다시 봉건국가로 되돌아가는 것은 불가능하다. 하지만 민주주의가 완성된 것은 아니다. 모든 인간이 '정치권력의 주인으로서 인간답게 사는 삶'이 민주주의의 근본이념이라면, 이는 아직 완성된 형태가 아니기 때문이다. 근대 민주주의가 시작되던 시기, 민주주의의 장애물이 봉건제, 전제군주, 식민지였다면 지금 이 시대에는 다른 장애물들이 여전히 존재한다. 역사가 그래왔듯이 이를 혁파하고 변화시키는 것이 민주주의가 앞으로 나아가야 할 지향점일 것이다.

'자유민주주의'가 '민주주의'의 전부는 아니다

근대 민주주의가 처음 등장하던 시기, 혁명의 주역은 부르주아 계급이었다. 흔히 시민혁명이라고 부르지만, 이때의 '시민'은 곧 '부르주아 계급'을 가리킨다. 그래서 부르주아혁명이라고도 한다. 부르주아 계급을 우리말로 자본가 계급이라고 번역하듯, 시장 영역에서 자본가로 활동하는 계급을 말한다. 시민혁명 이후, 봉건체제 아래서 상공업, 무역 등 시장에서 막대한 이익을 축적해온 부르주아 계급은 구체제의 봉건세력(왕, 귀족 등)을 혁파했다. 그리고 새로운 시대를 만드는 주체가 되었다. 그들은 당연히 자신들의 이익과 권리를 확대하기 위한 시대를 고민했다. 그리고 자연법과 인권 등의 사상적 기반과, '민주주의'라는 정치적 형식과 틀을 바탕으로 자신들의 이익을 최대로 보장하는 형태의 사회시스템을 만들었다. 민주주의는 본래 '인민들이 국가의 주인'이 되는 세상을 말했지만, 이때의 인민은 곧 부르주아 계급이었고 사실상 부르주아 계급이 권력을 독점하게 된 것이다. 당시 이들이 주역이 되어 구축한 민주주의 체제를 '자유민주주의liberal democracy'라고 부른다. 자유민주주의 체제는 오늘날까지 이어져, 대한민국을 비롯한 현대 국가 대부분이 이 체제 아래 살고 있다.

역사적 맥락에서 알 수 있듯, 초기 자유민주주의 체제의 '자유'는 부르주아 계급의 자유를 의미했다. 그리고 이 '자유'는 사실상 '사적소유권의 자유'와 동의어였다. 사회 전반이 시장원리에 따라 운영되고, 시장에서의 자유로운 경쟁을 통해 이익을 추구하고 이를 국가가 최대한 보장하는 것이 자유민주주의의 핵심 내용이다.

자유민주주의는 경제적으로 자본주의 시스템을 근간에 두고 이를 현실에서 구현하기 위한 정치적 이데올로기다. 현대에 이르러 시민권이 부르주아 계급만이 아닌 여성·유색인종 등 전체 인민으로 확대되고, 자본주의 시스템도 복지 개념을 통해 보완되면서 현대 자유민주주의는 초기와 모습이 많이 달라졌다. 하지만 여전히 개인의 사적소유권을 신성불가침한 존재로 규정하고, 시장원리를 통해 운영되는 등 그 본질이 변하지 않았음을 보여준다. 예를 들어 자유민주주의 체제에서 자유는 표현의 자유, 거주이전의 자유 등 다양한 자유를 포함하고 있지만, 이 자유들을 실현하려면 시장원리에서 획득한 이익 혹은 자본의 힘이 있어야 한다. 예술 작품을 만들고 싶어도 돈이 필요하고, 이사를 가고 싶어도 돈이 필요하다. 자본이 없다면, 그 어떤 자유도 실현하기 어려운 것이 현실이다. 결국 자유민주주의 체제에서 자유는 힘 있는 자의 자유를 뜻하고, 사회구성원들 간의 자유는 평등하지 않다. 자본주의 사회의 경제적 양극화와 불평등, 이를 원인으로 한 정치사회적 불평등이 유지되는 것은 자유민주주의의 근본적인 한계이다.

인민민주주의people's democracy는 자유민주주의의 한계를 비판하며 등장했다. 자유민주주의를 자본주의의 사상적 파트너라고 한다면, 인민민주주의는 공산주의−사회주의의 사상적 파트너였다. 마르크스, 레닌과 같은 공산주의자들은 자유민주주의를 기만적 정치체제라고 비판했다. 그들은 자유민주주의 체제가 말로는 자유를 부르짖지만, 실상은 부르주아 계급이 프롤레타리아 계급을 지배하기 위한 이데올로기라고 말했다. 근대 시민혁명 이후, 봉건세력은 혁파되었지만 여전히 대다수 인민들은 먹고살기 힘들었다. 아니 오히려 사회시스템은 더 기형적으로 변했다. 산업혁명과 과학·기술의 발전으로 재화의 생산량이 압도적으로 증가하여, 사회구성원 모두가 먹고살 수 있는 토대가 만들어졌지만 굶는 사람은 여전히 많았다. 공장이 들어서고 경제적으로 파산한 농민들은 노동자가 되었다. 그들은 농경사회에서보다 더 많은 노동시간과 노동량으로 일상을 보냈지만 현실은 나아지지 않았다. 더 많이 일하고 더 많이 생산하지만, 더 많이 일하는 사람일수록 가난한 현실. 이 현실에 대한 고민은 공산주의라는 사상을 낳았다.

이들은 사회의 주인이 일하는 사람, 즉 노동자 계급이 되어야 한다고 주장했다. 그리고 부르주아 계급이 부르주아 혁명(시민혁명)으로 봉건세력을 혁파했듯이, 프롤레타리아 혁명을 통해 부르주아 계급을 혁파해야 한다고 믿었다. 부르주아 중심의 자유민주주의가 아닌, 프롤레타리아 계급을 중심으로 한 인민민주주의를 실현하고자 했다. 인민민주주의는 프롤레타리아 독재를 말한다. 프롤레타리아 독재는 무계급 사회로 가기 위한 과정으로서 자본주의 사회에서의 계급적 잔재를 일소하기 위해 제기된 개념이었다. 이는 사회구성원의 절대다수인 노동자 계급이 정치권력을 독점하고, 직접 정치적 의사결정에 참여하는 형태를 말했다.

이때 의사결정의 핵심은 '경제적 분배'였다. 공산주의 이념 자체가 '평등'에 기초해 있고, '능력에 따라 일하고, 필요에 따라 분배한다'는 것을 원칙으로 한다. 이를 현실에서 구현하려면, 정치에서 가장 중요한 과제는 경제적 분배였다. 어떻게 분배해야 가

189

장 공평하고, 평등한지 고민하는 것이 정치의 가장 중요한 영역이었던 것이다. 그리고 인민민주주의는 이를 위해 자유를 반납할 수 있는 시스템이었다. 자유민주주의에서 절대적으로 보장되는 사적소유권은 가장 먼저 반납되어야 하는 것이었다.

애초에 공산주의 국가는 생산수단(공장, 토지 등 재화를 생산할 수 있는 모든 수단)의 사적소유를 금지하는 시스템이다. 공산주의는 분배를 시장에서의 자유로운 경쟁에 맡기지 않았다. 대신 인민들의 민주적 운영원리에 맡겼고, 이것이 인민민주주의의 핵심이다. 자유민주주의 체제는 분배를 시장에 온전히 맡기고 있어, 정치의 역할은 최소한의 법과 제도를 만드는 것에 그친다. 당연히 민주적 운영원리 또한 시장에는 적용되지 않는다. 자유민주주의 체제에서 사장을 직원들이 선출하거나, CEO가 일반 노동자들과 같은 임금을 받는 것은 상상할 수 없다. 하지만 인민민주주의 체제에서 정치와 민주주의는 자신이 일하는 사업장에서 가장 먼저 구현된다. 정치와 민주주의가 자신과 먼 정치권이 아니라, 일상 속에서 발현되는 것이다.

인민민주주의는 레닌의 러시아혁명 이후, 소련을 통해 현실에서 가장 처음 시도되었다. 모두 알다시피 소련은 무너졌고, 소련의 인민민주주의 실험 또한 실패했다. 소련 붕괴 원인에 대해서는 다양한 견해가 있지만, 그들의 인민민주주의가 온전한 형태의 민주주의가 아니었다는 점이 원인 중 하나라는 데에는 거의 이견이 없다. 그들의 인민민주주의는 사적소유권뿐만 아니라 사회구성원의 모든 자유를 반납하는 형태로 전체주의와 다름없었다. 하지만 소련이 실패했다고 해서 인민민주주의라는 실험 자체가 실패한 것은 아니다.

역사 속에서 자유민주주의가 변모해왔듯이 인민민주주의도 변하고 있다. 쿠바, 베네수엘라, 중국 등 현존하는 사회주의 국가들의 이념적 토대는 인민민주주의에 있다. 그들의 인민민주주의는 소련의 그것과는 분명 다르다. 사적소유나 시장원리를 인정하지만, 시장의 영역을 따로 구분짓지 않고 정치사회적 의사결정 아래에 두고 운영한다. 인민민주주의의 핵심 개념이 평등한 분배, 일상에서의 정치—직접민주주의의 실현—에 있다면, 그 과제는 현시대에도 유효하다. 자유민주주의 체제의 한계를 극복하기 위한 대안적 개념이 될 수 있기 때문이다. 자유민주주의 체제에서 살고 있는 우리는 소련 몰락 이후 자유민주주의가 온전히 승리한 역사라고 배웠지만, 자유민주주의와 인민민주주의의 경쟁과 실험은 아직 끝나지 않았을 수도 있다.

자유민주주의와 인민민주주의의 두 개념을 보완하고 절충한 개념으로는 사회민주주의social democracy가 있다. 북유럽 복지국가가 사회민주주의 모델에 가장 가깝다. 사회민주주의는 사민주의라고 불리기도 하는데, 공산주의 혁명 과정에서 공산주의 국가를 실현하는 방법론에 대한 견해 차이로 분리되었다. 사회민주주의는 공산주의-사회주의 국가를 건설해야 한다는 점에 동의하지만, 그 방식이 무력 혁명일 필요는 없다고 여겼다. 이들은 자본주의 내의 의회정치에 진입하여, 그 시스템 아래 다수당을 차지하고 정권을 획득하여 공산주의 국가를 실현할 수 있다고 믿었다. 하지만 오늘날에는 이러한 초기 개념을 넘어서, 자본주의 국가에서 불평등이나 양극화 등의 병폐들을 보완하기 위해 복지를 주장하는 형태를 띤다. 자본주의 국가에서 진보-좌파를 표방하는 정당들이 대부분 사민주의 정당이다.

사회민주주의는 자유민주주의와 인민민주주의의 절충적 개념인 만큼, 별다른 부작용이나 큰 결점은 없어 보이지만 사실 근본적인 문제를 해결하긴 어렵다. 처음 사회민주주의가 태동하던 시기, 공산주의자-사회주의자들은 이들을 '수정주의'라고 부르며 비판했다. 공산주의 사회 건설이라는 목표를 실현하는 과정에서 타협하고 변절했다는 의미다. 실제로 사회민주주의 정당들은 공산주의 이념과 거리가 먼, 변절이라 불릴 만한 행동을 취하기도 했다. 영국의 노동당은 인도의 식민지 해방 투쟁을 탄압하는데 동의했고, 독일의 사민당 또한 1차 세계대전 참전에 동의하며 제국주의 전쟁에 참여했다. 이들이 그러한 선택을 했던 것은 자국 노동자들의 표를 받기 위해, 혹은 자국의 노동자들의 이익에 복무하기 위해서였다. 결국 의회정치에 몸담는 한, 이러한 한계를 극복하긴 어렵다. 레닌은 당시의 사회민주주의자들을 비판하면서 "노동자에게 조국은 없다"고 주장했다.

현대 사민주의 국가들도 선진국이라고 칭송받지만, 선진국 지위를 유지할 수 있는 배경에 제3세계 국가들에 대한 착취가 있다는 점에서 초기 사민주의와 크게 다르지 않다. 유럽 기업에 근무하는 직원이 짧은 시간 노동을 하고도 많은 임금을 받을 수 있는 이유는 그 기업이 거래하는 제3세계의 노동자가 비인간적인 시간 동안 저임금 착취당하기 때문이다. 결국 자국 노동자들의 선진적(?) 생활을 유지하려면 이러한 시스템을 옹호할 수밖에 없다는 것이 사회민주주의의 한계이고, 현대 서구 좌파들의 기만적 행태다.

우리는 지금 자유민주주의 체제 아래 살고 있지만, 자유민주주의만이 민주주의의 전부는 아니다. 자유민주주의는 그 자체의 개념적 한계가 있고 현실에서 많은 부작용과 결점이 존재한다. 그렇다고 뚜렷한 대안이 준비되어 있는 것은 아니다. 하지만 분명한 점은 '인민이 주인'이라는 민주주의를 실현하기 위해 자유민주주의를 고집할 필요는 없다는 것이다. 이를 넘어서는 과정이 없다면 대안이 만들어지지도 않을 것이다. 더 나은 시대로의 이

행이 제기되는 이유는 더 나은 시대가 준비되어 있기 때문이 아니라, 현시대에 문제가 있기 때문이다.

물론 현재 대한민국은 자유민주주의라고 칭하기에도 부끄러울 정도다. 국가보안법으로 사상의 자유를 탄압하고, 박근혜-최순실 게이트에서 알 수 있듯이 형식적 민주주의마저도 흔들리고 있다. 이럴 때일수록 수구보수 세력은 입이 닳도록 자유민주주의를 외치고, 가장 완벽한 이상향인 것처럼 찬양한다. 하지만 자유민주주의가 온전히 실현된다고 해서 '인민이 주인'인 세상이 오지는 않는다. 대한민국 역사 70년 동안, 자유민주주의 체제가 아니었던 적이 없지만 '인민이 주인'인 세상도 없었던 역사를 통해 이것을 알 수 있다.

왜 선거를 해도 삶은 바뀌지 않을까?

중고등학생들이 배우는 사회와 도덕 교과서는 한국의 민주주의 역사에 대해 "서구 선진국들이 200년 동안 이룬 민주화를 50년 만에 이뤘다"고 평한다. 일부 맞는 말이다. 하지만 민주화 이후에도 여전히 '민주주의의 완성'은 오지 않았고 '정치 선진화 혹은 더 나은 민주주의'는 문제적 논쟁거리다.

박근혜─최순실 게이트 이후에 빚어졌던 촛불집회와 태극기 집회의 충돌은 한국 정치의 내면적 갈등을 그대로 보여준다. 형식적─절차적 민주주의가 완성되었다고 말하지만, 사실 그 안의 내용은 부재하다. 이러다 보니 촛불집회와 태극기집회는 서로 완전히 다른 이야기를 하면서도 저마다 민주주의를 지키기 위해 나왔다고 말한다. 역설적으로 한국의 민주주의는 대통령 탄핵으로 가장 빛났으며, 내용적 부재 또한 점차 표면화되고 있다. 지금이야말로 한국 정치의 현주소를 다시 한번 되짚어보고, 진단해야 할 시기이다.

한국 정치의 가장 큰 특징은 제도권 정치의 보수 독점 구조이다. 물론 법적으로 보수정당이 제도권을 독점하도록 제도화된 것은 아니지만, 현실이 그러하다. 원내정당을 보자면 자유한국당은 대표적인 수구보수정당이고, 더불어민주당과 국민의당은 보수 혹은 중도보수라고 볼 수 있다. 정의당이 진보정당이라고는 하지만 이 또한 한계가 명확하다. 정의당은 총선 때 안보전문가를 비례 2번에 배치하거나, 당대표가 국군 최전방을 방문하는 등 보수정당의 가치에 동화되는 모습을 보이곤 한다.

물론 안보가 중요하지 않다는 것은 아니다. 하지만 진보의 안보는 보수의 안보와는 달라야 한다. 진보라면 보수의 반공과 반북 그리고 극단적인 미국에 대한 의존성을 넘어, 북과 대화하고 자주를 외쳐야 한다. 하지만 정의당식 안보는 이와 거리가 먼, 보수의 안보를 답습하며 "우리도 안보를 중요하게 생각해요!"라는 일종의 쇼였다. 보수 독점 구조에서 진보정당이 기성 권력과 정당의 가치를 따라가는 오류를 범한 것이다.

한국 정치의 제도권은 보수정당이 독점하거나, 그나마 있는 진보정당도 보수의 가치에 흡수되고 있는 형국이다. 그러다 보니 정치에서는 보수적 가치들이 주된 담론이고, 진보적 가치들은 낯선 비주류의 담론으로 배제된다. 안 그래도 기성 정치권에 유리한 룰로 치러지는 선거에서 진보정당들은 자신들의 담론이 아닌, 기성보수의 담론으로 싸워야 한다. 지역주의 등 여러 폐해들을 포함해 한국 정치는 보수 독점 구조를 유지하는 데 최적화되어 있다.

한국 정치가 보수 일색이 된 데에는 지정학적−역사적 맥락이 크게 작용했다. 단도직입적으로 말하면, 한반도는 아직 냉전 시대에서 탈피하지 못했다. 해방 이후 미소의 제국주의적 개입으로 분단이 되고, 한반도의 남과 북은 서로를 적으로 대했다. 미소 냉전의 대리전쟁 위협에 시달리며 양국은 언제나 치열하게 경쟁하고 경계했다. 외부의 적이 절대시되는 상황에서 정치의 가장 중요한 덕목은 '안보'였다. 다른 국가들에서 진보와 보수를 가르는 기준이 경제담론이나 민족담론이라면, 한국의 기준이 안보인

이유다. 그래서 대선후보 토론에서 "주적이 누구냐"는 질문이 후보 검증의 기준이 되는 것이다.

해방 이후 친일파가 청산되지 못하고, 친미파로, 제도권 정치의 주류가 되었다는 진부한 이야기를 굳이 하지 않더라도, 한국 정치의 주류는 언제나 반공을 기치로 내건 수구세력이었다. 이게 다 안보로 모든 정치담론을 시작하는 분단국가의 비극이다. 한국 정치가 진일보하려면 냉전 구도를 탈피해야 하고, 따라서 북과의 대화가 전제되어야 한다. 그래야만 안보를 빼고는 더 이상 말할 수 있는 가치가 없는 낡은 정치를 벗어날 수 있고, 보수 독점 구조를 근본적으로 깰 수 있다.

지금과 같은 보수 독점 구조에서 정치는 평범한 삶과 괴리된 채로 구현된다. 선거에서 모든 정당이 서민과 살기 좋은 나라를 말하지만, 공감하는 유권자들의 거의 없다. 대다수 평범한 사람들은 투표하기조차 벅찬 삶을 살고 있기 때문이다. 먹고살기 위해 직장을 다녀오면 벌써 내일을 준비해야 하는 시간이 다가오는 것이 평범한 사람들의 일상이다. 이런 일상에서 투표는 사치일지 모른다. 그런데 평범한 사람들이 정치에 참여하는 방법은 사실상 투표밖에 없다.

시민정치와 참여정치를 말하지만, 여기서 한국 사회는 참여할 여력이 있는 사람들과 없는 사람들로 정확히 구분된다. 참여할 여력이 있는 사람은 정치적 특권층으로 구분된다. 이른바 엘리트 정치다. 일상정치가 부재한 상태에서 정치의 영역은 여의도로만 좁혀진다. 그리고 보수 독점 구조는 이를 점점 더 강화한다. 그래야 보수 독점 구조 유지에 도움이 되기 때문이다. 정치는 이렇게 평범한 삶과 괴리되고, 정치담론은 오른쪽으로 치우쳐 간다. 자연스럽게 여의도 정치는 평범한 삶을 말하지 않고 기득권들의 보수이데올로기로 장악되는 것이다.

기득권들만의 민주주의가 지속된 결과 한국 사회는 심각한 고통을 겪고 있는 중이다. 흔히 한국 사회의 가장 큰 문제점으로 불평등 심화, 중산층 해체를 꼽는다. OECD의 자료에 따르면 한국의 지니계수는 2013년 0.347을 기록했다. 관련 통계 발표 때마다 선진국 중에서 불평등으로 다섯 손가락 안에 꼽히는 경우가 대부분이다. 1997년 IMF 이후 언론에선 계속 불경기를 외치지만, 실은 불경기가 아니라 불평등이 심해지고 있는 것이다. GDP 성장률은 IMF 당시를 제외하면 매년 준수한 편이고, 대기업들의 매출과 영업이익도 꾸준히 늘어나고 있다. 그런데도 삶이 힘들다는 것은 불경기가 아니라 불평등 때문이다. 잘사는 사람들은 이미 가진 재산으로 일하지 않아도 먹고살 수 있는 데에 반해, 그렇지 않은 사람들의 삶은 꾸준히 힘들어지고 있다.

이런 현상은 중산층 해체와도 맞물려 나타난다. 중산층 가운데 잘사는 사람은 상류층이 되고, 서민에 가까운 사람은 서민이 되어간다. 불평등이 심화되면서 '평범하게' 먹고살려면 남을 밟고 넘어서야 하는 사회가 된 것이다. 심지어 교육은 생존투쟁의 장이 되었다. IMF 이전에는 명문대를 나오면 좋은 기업에 취직할 수 있었고, 더 높은 계층으로 사회적 이동이 가능했다. 좋은 대학을 나오면 잘살 수 있었다. 그러나 이제는 노동시장에서의 지위가 대학으로 결정됨에 따라, 대학 입시를 둘러싼 갈등이 전 사회적 계급투쟁이 되었다.

불평등은 가난한 사람과 잘사는 사람들 사이뿐만 아니라 서울과 지방 사이에서도 나타나고 있다. 서울과 수도권의 인구집중은 지난 몇십 년에 걸쳐 심화되고 있다. 지방은 더 이상 젊은 사람들이 살고 싶은 곳이 아니기에 지방, 특히 농어촌 지역에서는 젊은이들을 찾아보기 쉽지 않다. 그 결과 대한민국은 서울공화국이 되었지만 대안을 만들기 쉽지 않은 실정이다. 상황은 더 악화되고 있어, 서울 중에서도 강남 혹은 종로가 서울의 중심지라면 나머지 지역은 그 위성도시, 베드타운에 불과하다.

중심지라는 것은 지리적인 의미에서 끝나지 않는다. 그곳에서 거주하거나 일하는 초엘리트들이 대한민국을 쥐고 흔들고 있다. 강남의 대기업들로부터 광고비를 받는 종로의 거대 보수언론이 정치담론을 지배한다. 모든 가진 자들이 서울, 강남, 종로로 통하니 대한민국의 정치담론 역시 이곳에 갇힐 수밖에 없다. 평범한 사람들, 비정규직, 학생, 가사노동자, 지방 사람들의 이슈는 없고 재벌의 이슈만 있을 뿐이다. 뉴스를 살펴보면, 지방과 평범한 사람들의 이야기는 사건 사고 관련 소식뿐이다. 대부분의 소식은 서울, 여의도, 강남, 종로의 돈 이야기와 권력투쟁에 대한 것이다. 우리는 우리와 관련 없는 이야기를 언론으로 소비한다.

민주주의는 분명 자신을 대표하는 사람들을 선거로 선출하고 그들이 평범한 삶을 바꿔내는 정치제도이다. 그런데 아무리 선거를 해도 평범한 삶을 대표하는 정치가 구현되지 않는다. 도대체 어디서부터 어떻게 꼬인 것일까?

대표되지 않는 대표들: 비민주적인 한국의 선거제도

사람들은 국회와 국회의원들을 두고 국민의 대표라 칭하고, 이들이 우리를 대신해 일한다고 믿고 있다. 하지만 이들이 정말 우리의 대표일까? 사실 자신 있게 '그렇다'라고 말하기는 어렵다. 선거 결과에 따른 현실을 떠나, 실제 선거가 구현되는 방식에서도 한국 민주주의는 문제점이 많다. 그중 세 가지를 꼽자면 엘리트

에 의한 선거공천, 대표성과 비례성이 부족한 선거제도, 당원 없
는 정당정치 문제이다.

1) 엘리트에 의한 선거공천

국회를 가리켜 국민이 뽑은 대표들의 모임이라고 부른다. 하지만
그 후보들을 누가 뽑았는지 따져본다면, 국민의 대표라 칭하기에
는 문제가 많다. 국회의원 선거에 출마하는 후보들을 뽑는 것은
정당 엘리트들의 몫이기 때문이다. 대다수 평범한 삶과 관련 없
는 당내 높은 직위를 가진 사람들이 선거 전에 공천이라는 제도
로 후보를 가려낸다.

　2016년 총선 당시, 더불어민주당 내 공천 과정이 어땠는지
살펴보자. 총선을 몇 달 앞두고 문재인 전 당대표가 김종인에게
비상대책위원장직을 맡기고 전권을 위임했다. 총선 때 누가 국회
의원직에 출마할지를 정하는 권한, 즉 공천권이 모두 김종인에게
돌아갔다. 그 선거에서 더불어민주당은 크게 승리했지만, 당시
의 공천 과정을 두고 논란은 끊이지 않았다. 당대표에서 물러나
기 전 문재인이 공천 시스템을 만들어놓고 떠났지만, 뒤이어 공
천권을 잡은 김종인이 자신을 포함, 자기가 뽑고 '싶은' 사람들만
뽑아 후보로 앉혔기 때문이다. 당시 여당이던 새누리당도 마찬가
지였다. 진박계, 친박계, 비박계의 공천권 다툼이 격화되자 대표

201　　　　　　　　　　　　　　　**2장 깨뜨려야 할 우리 안의 포스트모던**

이던 김무성이 인감도장을 들고 부산 영도로 도망가버리는 웃지 못할 일도 일어났다.

　이와 같은 현상은 국회의원이 될 사람을 뽑는 시스템이 전혀 민주적이지 않기 때문에 발생한다. 국민은커녕, 당 회비를 납부하는 일반 당원들조차 국회의원 후보를 지목할 권리가 없다. 대통령 선거 역시 마찬가지다. 이명박 후보가 당선되었던 17대 대선, 한나라당은 누가 대통령 선거에 나갈 것인지를 국민 투표로 결정했다. 그 이전 2002년 민주당 경선─노무현 당시 후보가 당선된─도, 박근혜-최순실 게이트 이후 더불어민주당 경선도 국민참여형이었다. 하지만 이 또한 당내 엘리트들이 홍보와 흥행을 위해 국민참여형 경선을 결정한 것이지, 국민들이 직접 대선후보를 선출한다는 원칙이 우선했기 때문은 아니다.

　'누가 후보가 되어야 하는가?', '누가 후보를 만드는가?'를 결정하는 것은 항상 정당의 엘리트였다. 후보를 국민들이 결정하게 한 것도 당의 엘리트들이 선거 흥행을 위해 선택한 것일 뿐, 그 이상도 이하도 아니었다. 대한민국의 모든 공직선거에는 국민들의 온전한 선택권이 없다. 정당 엘리트들이 정해준 선 안에서의 선택권이 있을 뿐이다. 몇몇 진보정당들이 진성당원제를 통해 당원들이 직접 당내 주요 후보들을 선출하는 제도를 갖추었지만 아직 이들은 소수세력이다. 투명하고 민주적인 후보선출 과정이 보장되지 않는다면 선거 이전부터 민주적 선거는 반쪽짜리일 뿐이다.

2) 대표성과 비례성이 부족한 선거제도

선거의 예선도 문제지만, 본선도 문제가 많다. 선거 자체의 제도적 결함 때문이다. 87년 이후 한국 사회는 민주적인 선거제도를 얻어냈다. 87년의 민주화운동과 그 결과는 사람들에게 자부심으로 남았다. 교과서에도 나올 정도니 그렇게 단언하는 것도 무리가 아닐 것이다. 하지만 우리나라의 선거제도를 해부해보면 그다지 민주적이지 않다는 사실을 알 수 있다. 간단하게 요약하자면, 현행 국회의원 선거제도는 세계에서 시행되고 있는 민주적 선거제도 중에 가장 비민주적인 선거제도다. 선거가 민주적이지 않다니? 민주적이지 않은 선거라는 개념은 어떻게 성립 가능할까? 유권자의 투표율이 의석에 얼마나 잘 반영되는지를 살펴보면 된다.

19대 국회의 의석율과 득표율을 살펴보자. 중앙선거관리위원회 자료에 따르면, 새누리당의 득표율은 45%이고 의석점유율은 50%가 조금 넘는다. 소수정당인 자유선진당과 통합진보당은 어땠을까? 자유선진당의 득표율은 3.2%, 의석율은 1%다. 통합진보당의 득표율은 10%, 의석율은 4%이다. 한눈에 새누리당이 과대대표되었고, 통합진보당과 자유선진당이 과소대표되었다는 사실을 알 수 있다. 이는 19대 국회만의 특수한 사례가 아니라,

대한민국 선거시스템에서 항상 일어나는 일이다. 이런 선거가 반복된 결과가 지금의 대한민국 국회의 정당 구도다. 거대한 두 개의 정당, 그리고 그 외의 소수 정당들. 그 원인은 각 선거구별로 가장 많은 표를 받은 단 한 명의 후보만을 선출하는 제도 탓이다. 이를 소선거구 단순다수대표제라고 한다. 소선거구제는 선거구별로 한 명만을 뽑는다는 의미, 단순다수대표제는 50%의 득표율을 넘는 후보가 아닌, '단순하게' 비교적 많은 표를 받은 후보를 선출한다는 의미다.

소선거구제와 단순다수대표제가 어떤 의미인지 감이 잘 잡히지 않는다면 다른 선거제도와 비교해보자. 단순다수대표제와 대비되는 제도는 절대다수대표제이다. 50%의 득표율을 넘는 후보가 나오도록 1차 투표 이후 결선투표를 실시하는 결선투표제, 그리고 한 번의 선거에서 후보들의 선호도를 기입하도록 하여 가장 많은 사람들의 지지를 받는 후보를 선출하는 선호투표제가 있다. 이는 투표와 개표 과정이 복잡하지만 더 많은 사람들의 지지를 받는 후보를 더 정확하게 가려낼 수 있다는 장점을 가진다.

다음으로는 소선거구제와 대비되는 중대선거구제, 그리고 비례대표제를 살펴보자. 중대선거구제는 한 선거구에서 두 명 이상의 후보를 선출하는 제도이다. 한 명의 후보만을 선출하는 것이 아니기 때문에 소수정당의 지지자들은 싫어하는 정당의 후보를

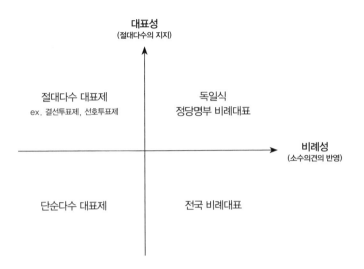

떨어뜨리기 위해 다른 유력정당의 후보를 뽑는 것이 아닌, 자신이 진심으로 지지하는 후보에게 표를 던질 수 있다. 이는 비례대표제 역시 마찬가지이다. 비례대표제는 하나의 선거구(하나의 지역이 선거구 단위가 될 수도 있고, 전국이 그 단위가 될 수도 있다)에서 정당의 득표율에 비례해 의석을 가져가는 제도이다. 따라서 정당의 득표율과 의석률이 가장 정확하게 비례한다. 이러한 선거제도는 선거 과정에서 소수의 의견을 배제하지 않고 반영할 수 있다는 장점이 있다.

위의 표는 대표성과 비례성을 기준으로 선거제도를 구분해

2장 깨뜨려야 할 우리 안의 포스트모던

본 것이다. 우리나라에서 실시 중인 소선거구 단순다수대표제는 대다수의 지지를 받는 후보를 가려내기가 비교적 힘들고, 소수의 의견을 반영하는 것도 매우 어렵다. 일반적으로 이런 선거제도를 실시하는 국가에선 비교적 보수적인 두 개의 대규모 정당이 권력을 나눠 갖는다. 미국, 영국 등에서 공통적으로 나타나는 현상이다.

그럼에도 불구하고 우리는 왜 이런 선거제도를 실시하고 있을까? 절망적이게도 아무도 그 이유에 대해 친절하게 설명하고 있지는 않다. 다만 이러한 선거제도가 거대보수정당을 유지하는 데에 큰 영향을 끼친다는 것만은 분명하다.

종합해보면, 우리나라의 선거제도는 절대다수의 지지를 받는 후보를 뽑지도 않고, 그렇다고 소수의견을 반영하는 후보를 뽑지도 못한다. 녹색당의 지지자가 자신의 지역구에 정의당 후보가 출마해도 뽑지 못하고, 새누리당 후보를 막기 위해 민주당 후보를 뽑을 수밖에 없기 때문이다. 그렇다고 새누리당 후보가 절대적 지지를 받는 상황 역시 아니다. 앞서 언급했듯, 지난 선거에서 새누리당의 지지율은 평균 45%밖에 되지 않았다. 우리나라의 선거제도는 거대 보수정당의 의석을 유지하는 데에 목적이 있고, 민의를 반영하려 해도 반영할 수가 없는, 민주주의 사상 가장 나쁜 선거제도라 할 만하다. 대표되지 않는 대표를 선출하는 이 선거제도를 개혁하지 않고는, 그 어떤 변화도 불가능하지 않을까.

3) 당원 없는 정당정치

정당정치는 현대 민주주의의 근간이라고 할 수 있다. 정당은 단순히 정권 획득을 목표로 하는 정치적 결사체를 떠나, 정치라는 행위를 개인이 아닌 공동체로 표출한다는 것에 의미가 있다. 직업 정치인이 아닌, 평범한 사람들이 가장 손쉽게 정치할 수 있는 방법이 정당 활동이기 때문이다. 하지만 한국 사회에서 정당은 그 뿌리부터 잘못되었다. 정당은 민주주의 국가에서 정치적 활동을 하기 위한 공동체로서 그 어느 집단보다 민주적 운영원리가 담보되어야 한다. 민주적 운영원리란 당원이 정당의 주인이 되는, 당원을 주체로 하는 정당을 말한다.

하지만 지금의 정당들은 그렇지 않다. 평범한 당원들은 당의 중요 결정사항에서 배제되고, 오히려 당원이 아닌, 정당 밖에서 영입해온 스타 정치인 혹은 엘리트들이 당의 주요사항을 결정하거나 요직에 앉는다. 정당은 사람들의 목소리를 묶어내고, 권력을 통해 이를 실현하는 데 의의가 있다. 하지만 지금의 정당에는 '사람'이 없다. 보통 사람들의 목소리를 여의도와 효자동에서 실현하는 것이 정당의 목적에서 밀려난 지 이미 오래고, 제일의 목표는 집권이 되었다. 집권만을 위한 집권. 당원과 국민은 사라졌고 집권과 선거 승리를 위한 당직자와 간부, 선거전문가가 있을 뿐이다.

당원 없는 정당의 기반은 어디인가? 바로 국가의 세금 지원이다. 정당은 국가의 세금으로 운영되고 있다. 게다가 큰 정당일수록 더욱 많은 지원금을 받는다. 정당의 목표가 당원과 국민이 아니라 집권을 위한 집권이 된 데에는 잘못된 정당 국고보조금의 역할이 크다.

정당 국고보조금은 불법 정치자금을 축소한다는 명분으로 1980년부터 시행되어온 제도다. 정치자금법에 따르면 국고보조금은 인건비와 사무실 월세, 정책개발, 당원교육, 조직활동 홍보비, 선거 등의 용도로만 쓰여야 한다고 명시되어 있지만, 감사를 자체적으로 하게 되어 있는 등 사실상 그 쓰임새가 불투명하게 운영되고 있다. 게다가 보조금 배분 방식도 납득하기 어렵다. 우선 전체 보조금의 절반이 교섭단체를 구성한 정당에 n분의 1씩 배분된다. 나머지 보조금에서 의석 수와 득표율에 따라 전체 보조금의 2~5%씩을 지급한다. 남은 보조금의 50%는 원내정당에 의석수대로 지급되고, 나머지 50%는 득표율대로 지급한다. 많이 복잡하다. 하지만 하나만큼은 분명하다. 거대 정당에게 더더욱 많은, 압도적인 양의 보조금을 지급한다는 점이다.

선거제도에서 살펴보았듯 우리나라는 거대 정당이 득표율에 비해 의석수가 많이 나올 수밖에 없는데, 보조금의 절반을 국회의원 20인 이상의 정당에 우선적으로 배분하고, 남은 보조금의 절반은 의석수에 비례해 배분한다. 득표율에 우선하지 않고 의석수에 우선해 보조금을 지급하는 것은 결과적으로 거대 정당 몰아주기와 다름없다. 거대 정당은 국가보조금을 많이 받기 때문에 재정적 어려움을 겪지 않아 실질적으로 당원들의 힘을 필요로 하지 않는다. 당원 한 명 한 명의 존재감이 약할 수밖에 없는 것이다. 당원이 소중하지 않은 정당은 자연스럽게 엘리트 집단이 된다. 엘리트 정치인으로 구성된 지도부가 당의 모든 것을 결정한다.

당원 중심이 아닌 엘리트 정당에서 불투명한 공천제도로 후보가 된 정치인을 대표성과 비례성이 부족한 선거제도에 의해 선출하는 방식이 현재 대한민국의 선거판이다. 아무리 민주주의를 각성한 시민들이 촛불을 들어도, 정치가 여전히 시민들의 편이 아닌 이유다. 대표되지 않는 대표들이 우리의 대표인 양 정치를 하고 있다. 선거만 한다고 민주주의가 아니다. 어떤 선거를 어떻게 치를 것인지 그 과정 또한 민주적으로 설계해야 한다.

'DIY 정치'가 절실하다

Do It Yourself, DIY 시대다. 말 그대로 '직접' '스스로' 하는 행위를 일컫는다. 언제부터인가 유행하고 있는 DIY는 생활용품을 소비자가 반제품 상태에서 혹은 처음부터 직접 만들어 사용하는 행위를 말한다. 침대, 의자, 책상 등 가구류를 DIY로 판매하는 경우가 많고, 기계식 키보드나 프린터, 심지어 자동차도 DIY 방식으로 사용하는 사람들이 있다. DIY는 초기에는 비용 절감을 위해 시작되었지만, 지금은 소비자의 개성을 살리는 유희적 행위로서 하나의 문화가 되고 있다. 자신이 사용할 제품을 직접 만드는 행위는 꽤나 흥미롭고 매력적이다. DIY가 유행하는 것은 소비 행위가 합리성을 넘어 가치로 향하고 있음을 알려준다. 발렌타인데이에 연인에게 초콜릿을 선물한다면 편의점에서 구매하는 것이 훨씬 편리하지만, 좀 더 의미를 담기 위해 수고로움을 마다하지 않고 초콜릿을 직접 만드는 것이다. 내가 원하는 제품을 내가 직접 만드는 것은 주인의식을 바탕으로 삶의 질을 높이고 싶은 욕구의 발현이기도 하다. DIY 문화가 정치로 넘어오면 그게 바로 직접민주주의다.

　직접민주주의 제도로 널리 알려진 나라는 스위스다. 스위스의 상징적인 직접민주주의 문화는 일부 주에서 시행되고 있는 란

츠게마인데(landsgemeinde)이다. 란츠게마인데는 스위스의 유서 깊은 직접민주주의 제도로 주요한 사안의 결정과 토론 및 협의를 위한 광장정치 문화를 일컫는다. 대부분은 그 효용성에 대한 의문과 실무적 한계 때문에 폐기되었지만, 아펜첼 주와 글라루스 주에서는 아직까지 유지되고 있다. 수천의 사람들이 광장에 모여 토론하고 투표하는 장면은 그야말로 장관인데, 이 때문에 정치축제라고 불리기도 한다.

이러한 직접민주주의 문화는 스위스의 자부심 중 하나로, 이 영향으로 인해 스위스는 란츠게마인데 외에도 여러 직접민주주의 제도를 갖추고 있다. 대표적으로는 선택 국민투표와 연방 국민제안이 있다. 선택 국민투표(입법 국민투표라고도 부른다)는 연방법에 대한 유효성을 국민투표를 통해 결정하는 제도다. 연방정부가 제정한 법률에 이의를 제기하고 싶은 국민이 5만 명의 서명을 받아오면 시행이 가능하다. 또한 연방 국민제안은 의회가 아닌, 국민이 직접 법률안을 발의하고 국민투표로 제정하는 제도다. 이 또한 발의자가 10만 명의 서명을 모아서 제출하면 국민투표가 가능하다. 연방정부는 국민제안에 대해 반대할 수 있는 권한이 없지만, 반대 의견서 정도는 제출할 수 있다.

스위스는 다민족-다언어 국가다. 다양한 민족이 공존하고 언어 또한 서로 다른 사회구성원들 간의 이질감이 존재하는 나라다. 이러한 스위스가 역사 속에서 살아남을 수 있었던 이유 중 하나는 사회구성원들 간의 충돌과 갈등을 조정하고 통합하려는 노력이 있었기 때문이다. 이러한 노력은 몇몇 지도층이 아니라, 사회구성원 모두의 힘이 있었기 때문에 가능했을 것이다. 이는 스위스의 직접민주주의 문화와도 긴밀히 연관되어 있다. 나라의 주요 사안을 일반 국민들이 직접 참여하여 함께 결정하는 것이야말로 그 결정에 대해 함께 책임지고 이끌어나갈 수 있는 방법이기 때문이다.

베네수엘라는 직접민주주의의 새로운 시도로 주목받고 있는 나라다. 베네수엘라는 우고 차베스를 주축으로 사회주의혁명에 성공한 이후, 정치·경제·사회 전 방위적인 변화를 시도했다. 차베스 사망 이후 현재 여러 어려움을 겪고 있지만, 막대한 석유 자원을 보유하고도 빈곤 국가였던 베네수엘라의 모두가 평등한 사회를 위한 도전과 시도는 주목할 만하다. 그 가운데 주민평의회 communal council는 직선제라는 형식적 민주주의를 넘어 인민들에게 직접 정치권력을 맡기기 위한 실험적인 제도다.

주민평의회는 우리나라에서의 풀뿌리민주주의와 비슷한 개념이지만, 단순한 지방자치를 넘어 민중주권을 위한 새로운 권력기관이라고 볼 수 있다. 주민평의회는 정해진 행정구역에 구애받지 않는다. 주민 스스로 그 경계를 정할 수 있으며, 자발적으로 도시에는 200~400가구, 지방에는 10~20가구를 기준으로 조직된다. 15세 이상의 주민은 누구나 참여가 가능하며, 이들이 모인 주민총회에서 주요 사안을 결정할 수 있다. 주민평의회에서 필요한 자금은 국가가 직접 충당하며, 이렇게 확보된 예산을 분배하는 것 또한 자유이다. 주민들이 조직 결성부터, 운영, 예산 분배까지 모두 스스로 결정한다. 이러한 권한들을 바탕으로 민중들은 행정기관을 넘어서는 새로운 권력을 가지게 된다. 주민평의회는 주로 지역사회나 공동체를 위한 사업을 진행하며, 주민들을 정치적 주체로 세우는 동시에 지역사회의 통합에도 기여하고 있다. 국가는 기업과 협의하여 주민평의회에 참여하는 노동자들의 노동시간을 조율하는 방식으로 참여를 독려한다. 인민들의 자발성에 기초해 직접 권력을 실현해나가는 주민평의회는 직접민주주의를 위한 새로운 모델이다.

"모두가 정치에 참여하는 것이 과연 가능한가" 하는 현실적 문제가 존재함에도 불구하고 직접민주주의를 시도하는 이유는 대의민주주의의 한계가 명확하기 때문이다. 대의민주주의에서 정치권력의 주인은 국민이지만, 국민은 이를 정치인에게 위임한다. 자신에게 주어진 주권을 실현하는 방식은 사실상 선거에 참여하는 것이 유일하다. 이 때문에 선거 때가 아닌 대부분의 시간 동안 권력은 국민이 아니라 청와대나 국회에 있다. 홉스가 만인에 대한 만인의 투쟁을 막기 위해 권력은 왕에게 위임해야 한다고 주장한 것과 별반 다르지 않다. 권력을 위임하는 대상이 왕에서 선거를 통해 선출된 대통령으로 바뀐 것에 불과하다. 그러다 보니 선거 때만 권력이 시민들에게 위임되고 권력의 정당성을 인정받는 절차로 선거가 이용되는 현실이다.

하지만 권리가 양도될 수 없듯이, 권력 또한 위임될 수 없다. 현대 민주주의는 모든 사회구성원을 '정치적 주체'로 전제하고 있고, 정치적 주체란 선거든 아니든 언제나 권력을 가지고 행사할 수 있어야 한다. 그리고 이를 위한 제도적인 틀을 직접민주주의라고 부른다.

하지만 말로만 직접민주주의를 떠들거나, 직접민주주의를 가치가 아닌 제도로만 받아들이는 태도는 곤란하다. 앞서 다룬 민주주의의 다양한 문제와 한계는 민주주의를 가치가 아닌 일종의 규칙으로 다루는 것에서 출발한다. 현대에 살고 있는 젊은이들은 민주주의를 위해 피 흘리며 투쟁한 경험이 없다. 절차적 민주주의가 어느 정도 담보된 시점에서 태어났고, 민주주의라고 불리는 사회규범 속에서 성장해왔다. 민주주의를 규칙으로 내재화한 삶을 살아온 것이다. 이 때문에 현대 민주주의의 기본 원리인 다수결이나 선거를 민주주의의 전부로 규정하는 습성이 있기도 하다. 다수결이니까 정당하고, 선거를 통해 선출되었으니 옳다는 환상을 갖는다. 그러나 민주주의는 제도나 규칙이 아닌 그 자체로 가치를 지닌다. 모든 사회구성원이 인간답게 살기 위해 정치적 주체가 되어 정치권력을 현실에서 구현해가는 것이 민주주의다.

모든 사회구성원이 주인이라면 100%의 의견이 반영되는 민주주의가 되어야 한다. 하지만 지금의 민주주의, 더 정확히 말해 자유민주주의는 51%만을 대표해도 그 정당성을 인정받는다. 실질적으로는 51%를 대표하지도 않지만 대표한다고 여겨진다. 지금의 자유민주주의와 선거는 그 아이디어도, 구현하는 방식도 옳지 않다. 더 많은 사람들의 삶이 정치적으로 반영되어야 한다. 민주주의는 수단이 아니라 목적이 되어야 한다. 선거 자체가 목적이 아니라 선거를 수단 삼아 어떤 사회를 만들어갈 것인지, 우리 사회의 목적에 대해 고민해야 한다. 이 목적을 위해서 우리는 다수결도, 선거도 처음부터 의심하고 다시 기획해야 한다.

2장 깨뜨려야 할 우리 안의 포스트모던

4. 비폭력주의:
가짜 평화가 폭력을 감춘다

바더 마인호프는 왜 총을 들었을까

1960~1980년대는 그야말로 격동의 시대였다. 68혁명으로 대표되는 이 시대에 온갖 이념과 가치들이 대립하고 충돌했다. 제국주의에 맞서 반전과 평화를 위해 싸웠고, 자유를 위해 권위주의와 맞섰으며, 평등을 위해 자본주의와 투쟁했다. 당시 유럽사회는 2차 세계대전 이후 큰 회의감에 빠져 있었다. 경제는 어느 정도 회복되었지만, 파시즘과 전쟁에 대한 전 사회적 트라우마는 쉽게 극복될 수 없었다. 게다가 두 차례의 세계대전 이후에도 평화는커녕 냉전의 시대를 맞이하자 인류 역사의 진보 자체를 회의하는 생각마저 등장했다. 이러한 시대적 분위기에서 유럽의 젊은 세대들은 지금의 시스템을 만들고 유지한 기성세대에 대한 불만을 무차별적 혹은 다변적으로 표출하기 시작했다. 그들은 기성세대의 것들을 전면적으로 부정했다. '반자본주의-반제국주의'라는 전통적인 좌파의제를 넘어서 젠더의제나 소수자의제를 진보가 다루기 시작한 것도 이때부터라고 할 수 있다.

68혁명은 의제만 다양했던 것이 아니라 주장하는 방식 또한 천차만별이었다. 68혁명의 대표 이미지로 존 레논의 노래 〈이매진〉이나, 경찰에게 꽃을 주는 집회 참가자의 사진을 흔히 떠올리지만, 이는 단편적인 모습에 불과하다. 대학을 점거하고 교수를 쫓아내 자신들만의 자유대학을 만드는 모습부터, 총을 들고 테러를 일삼으며 도시게릴라를 표방하는 적군파까지 포함하는 과격한 투쟁방식 역시 68혁명의 또 다른 측면이다. 68혁명을 정치혁명이 아닌 문화혁명이라고 일컫는 경우가 많은데, 이는 68혁명의 후과가 정치권력 교체를 넘어서 전 사회적인 구체제와 관습의 붕괴까지 이르렀기 때문이다. 철학의 조류로 따지자면 68혁명으로 인해 '모던'한 세상은 무너졌고, '포스트모던'한 세상이 도래했다. 이 과정에 총보다 꽃을 외치며 평화와 반전을 노래한 아름다운 투쟁뿐만 아니라, 총을 들고 도시를 헤집던 적군파의 투쟁도 함께했다. 도대체 무엇이 이들의 손에 총을 쥐게 했을까?

〈바더 마인호프 콤플렉스〉는 당시 서독에서 활동했던 적군파를 다룬 영화이다. 정식 명칭이 RAF Rote Armee Fraktion인 이 급진 좌익단체는 이란 전제군주인 팔레비 국왕의 서독 방문을 반대하는 시위 중 경찰의 총에 한 학생이 살해된 사건을 계기로 결성되었다. 이들은 제국주의와 자본주의를 극복하기 위해선 무장투쟁만이 유일한 답이라 주장하며, 총을 든 혁명가가 되기를 주저하지 않았다. 유럽의 체 게바라가 되고자 했고, 도시게릴라를 자청했다. 이들은 조직의 리더 격인 안드레아스 바더와 울리케 마인호프의 이름을 따서 '바더 마인호프 그룹'이라고 불리기도 한다.

적군파 내에서 바더가 주먹을 담당했다면, 좌파언론인 출신이었던 마인호프는 입을 담당하는 격이었다. 그는 논평을 통해 자신들의 테러 혹은 무장투쟁을 정당화하곤 했는데, "하나의 돌을 던지는 것은 범죄지만 천 개의 돌을 던지는 것은 정치적 행위이다. 차 한 대를 불태우면 범죄지만 천 대의 차를 불태우는 것은 정치적 행위이다"라는 말이 널리 알려졌다. 그들은 자신들의 폭력 행위를 '범죄'가 아닌 '정치'라고 생각했다. 분명 천 명의 사람이 천 개의 돌을 던지는 것은 일상이 아니다. 이러한 집단행동의 원인은 개인에 있는 것이 아니라, 사회나 환경에 있다. 게다가 이 같은 행위가 주장과 논리를 갖춘 정치적 요구라면, 이는 범죄로 취급할 것이 아니라 정치적 의사표현 중 하나라고 봐야 한다는 것이다. 그들은 정치적 의사표현을 위해 꺼릴 것이 없었다. 자본주의의 상징인 은행을 털어 자금을 마련했고, 제국주의와 자본주의를 선전하는 보수 신문사에는 폭탄을 터뜨렸다. 그들이 적이라고 규정하는 정부 관료와 미군 장교를 납치, 살해하는 행동도 서슴지 않았다. 적군파는 자본가와 파시스트를 적으로 규정했고, 그들에게 적은 사람이 아니라 돼지였다. 사람을 죽이는 것이 아니라 인류의 해방과 진보를 위한 투쟁이고 혁명이었기 때문에 양심의 가책도 없었다.

그들의 영향력은 서독을 넘어 국제적으로 뻗어나갔다. 바더 마인호프 그룹은 팔레스타인해방기구의 급진파인 팔레스타인인민해방전선PFLP과 손잡고 군사훈련을 받으며 무기를 공급받았고, 일본의 적군파와도 연계했다. 체 게바라의 반제국주의와 마오쩌둥주의를 전면에 내세워 도시에서 반자본주의 무장투쟁을 전개했던 그들의 모습은 전 세계에 충격을 주었다. 연이은 테러를 좌시할 수 없었던 정부는 그들의 체포에 총력을 기울였고, 바더와 마인호프 등 주요 인사들이 체포되면서 점차 몰락의 길에 접어들었다. 주요 인사들의 체포에도 RAF는 소멸되지 않았고 여객기를 납치하여 동료들의 석방을 요구하는 등 더 자극적인 테러를 일삼았지만, 대중들의 지지는 점차 사라지고 여론은 더 악화되었다. 감옥 안에서도 그들은 자신들이 정당하다며 법정투쟁을 벌였지만 대중들이 그들에게 등을 돌렸다. 적군파의 실패가 현실화되자 바더는 권총 자살로 생을 마감했다. 마인호프 또한 단식 중 사망했다.

지금 시대에 바더 마인호프 그룹의 방식과 논리에 동조하는 사람들은 흔치 않을 것이다. 대다수는 그들이 지나치게 극단적이며, 폭력을 수단으로 생명을 앗아가는 순간 그들의 대의는 정당성을 잃었다고 말할 것이다. 하지만 그들이 폭력을 사용했기 때문에 실패했고, 정당성이 없다는 평가는 지나치게 단편적이다. 마인호프가 옥중에서 사망했을 때 추모하기 위해 모인 사람들이 4,000여 명이었다. 그들이 단순한 테러범이었다면 왜 4,000여

명의 사람들이 그의 죽음을 슬퍼했을까. 그들의 방식이 정당했다고 변호하거나 그들을 비호하고 싶은 것이 아니다. 다만 그들이 왜 총을 들었는지, 그리고 그들이 실패한 이유가 정말 총 때문이었는지에 대한 의문을 제기하고자 하는 것이다.

역사적으로 수많은 레지스탕스들이 저항을 위해 총을 들고 사람을 죽였다. 오늘날 예수 이후 가장 완벽한 인간이라며 추앙받으며 혁명의 아이콘이 된 체 게바라도 그랬고, 안중근 또한 이토 히로부미를 쏴 죽였다. 그들이 죽인 사람들 또한 소중한 생명을 가지고 있었고, 가족과 삶이 있었다. 그런데 왜 그들의 폭력은 신성한 것이 되었고, 바더 마인호프의 폭력은 테러범죄로 평가받을까? 바더 마인호프 또한 자본주의의 추악함에 저항했고, 이상을 실현하기 위해 개인적 삶을 희생하며 싸운 것은 사실이다. 아마도 바더 마인호프는 훗날 자신들이 레지스탕스로 평가받길 상상했을 것이다. 그러나 대중들의 신뢰와 마음을 얻는 데 실패했고, 역사의 주인이 되지도 못했다. 하지만 그 이유가 단순히 폭력을 수단으로 사용했기 때문이라는 것은 영 석연치 않다.

폭력은 인류가 탄생한 이래 늘 공생해왔다. 문명이 창조된 이후 인간은 폭력을 억제하고 통제하기 위해 다양한 수단을 시도해왔다. 신분제를 통해 폭력을 사용할 수 있는 범주와 방향성을 통

2장 깨뜨려야 할 우리 안의 포스트모던

제하기도 했고, 현대 사회에선 국가가 폭력을 독점하여 사적 폭력을 전면적으로 차단하고 있다. 어쩌면 인간의 문명은 이러한 폭력을 넘어서서 평화를 만들어내려는 과정인지도 모른다. 그리고 현시점에서 우리는 '폭력 자체가 부정되는 시대'에 살고 있다. 말 그대로 조건 없이 '폭력은 그 자체로 나쁘다'는 것이 통용되는 시대인 것이다.

하지만 폭력 자체를 부정하고 회피한다고 해서 평화가 오는 것은 아니다. 오히려 폭력과 폭력이 부딪치는 모순을 통해 평화가 만들어지는 변증법적 과정이 역사에서는 더 일반적이다. '폭력은 그 자체로 나쁘다'는 것은 지배하는 입장에선 별다른 타격이 없지만, 저항하는 입장에선 저항할 수단 하나를 잃어버리는 것이다. 바더와 마인호프도 아마 그렇게 생각했던 것이 아닐까. 지배 권력에 맞서 저항하기 위해 폭력을 사용하는 것도 우리의 권리라고. 폭력에는 더 큰 폭력으로 맞서 싸워야 평화를 쟁취할 수 있다고. 이러한 견해에 대한 찬반 여부를 떠나, 바더 마인호프에 대해서 평가할 때도 폭력에 대한 실체를 직면한 채로 살펴봐야 한다. 그들이 총을 들어서 실패했다고 단순화시켜 말하는 것은 폭력의 실체와 마주하는 방식이 아니라 회피하는 방식이다. 이는 그들이 맞서고자 했던 폭력—구조적 폭력—은 은폐하고, 그들이 가졌던 이상은 평가절하하는 것이다. "폭력은 나쁘다, 비폭력을 지향해야 한다"라고 쉽게 단정하지 말자. "모든 금지하는 것을 금지하라." 68혁명의 구호 중 하나다. 폭력이 금지된 시대에서 폭력에 대한 진지한 고찰을 위해서라도, 한번쯤은 그 금지를 해제해보는 사고가 필요하지 않을까.

킹 목사 vs 맬컴 엑스: 폭력이냐 비폭력이냐

1955년 미국 몽고메리에서 흑인여성 로자 파크스는 버스에서 백인에게 자리를 양보하지 않았다는 이유로 체포되었다. 당시 몽고메리에서는 버스 좌석이 백인좌석과 유색인좌석으로 나뉘어 있었고, 백인좌석이 다 차지 않았을 경우는 유색인이 백인좌석에 앉을 수 있었지만 이후 백인이 탑승하면 자리를 양보해야 했다. 버스가 만원이 되면 흑인이 중간에 내려야 하는 것이 법이었다. 이러한 부당한 처사에 로자는 저항했고, 이는 그 유명한 몽고메리 버스 보이콧 운동으로 번져나갔다. 흑인들은 무려 382일간 버스 보이콧을 진행했으며, 이는 미국 흑인인권운동의 대표적인 사건으로 남았다. 이 보이콧 운동에서 핵심 역할을 담당했던 사람이 바로 마틴 루터 킹이다.

"나에게는 꿈이 있습니다"로 시작하는 희대의 명연설을 남긴

223

킹 목사는 미국 흑인인권운동의 상징적 존재인 동시에 비폭력–불복종 투쟁의 대표적인 활동가이기도 하다. 몽고베리 버스 보이콧 운동을 포함하여 워싱턴대행진 등 그가 주도한 운동은 비폭력–불복종에 기반하고 있다. 그는 폭력이 저항의 수단이라는 것에 동의하지 않았고, 평화로운 방법과 수단으로 평화를 이루어낼 수 있다고 믿었다. 킹은 인종을 초월해 미국 사회 전반에서 존경을 얻었고, 이는 노벨평화상 수상으로 이어졌다.

킹과 대비되는 흑인인권운동가로 맬컴 엑스가 있다. 킹의 종교적 기반이 교회였다면, 맬컴 엑스의 종교적 기반은 이슬람이었다. 킹이 나름 유복한 집안에서 안정적으로 성장한 것에 비해, 맬컴 엑스는 성장기에 항상 인종차별과 범죄에 노출되어 있었다. 살아온 환경의 차이 때문인지 맬컴 엑스는 킹과 전혀 다른 방식과 목표를 주장하며 흑인인권운동을 펼쳤다. 킹이 비폭력을 방법론으로 삼았다면, 맬컴 엑스는 흑인들의 자기방어권을 바탕으로 한 폭력 투쟁을 주장했다. 킹이 백인과 흑인이 피부색으로 차별받지 않고 함께 어우러져 살아가는 사회를 꿈꾸었다면, 맬컴 엑스는 흑인이 분리 독립하여 흑인들만의 국가 혹은 공동체를 만들어야 한다고 믿었다. 킹에 비해 대중적 지지나 영향력은 적었을지 모르지만, 그의 주장 또한 어느 정도 유의미하다는 것은 부인할 수 없다.

킹과 맬컴 엑스가 각자의 방식으로 흑인인권운동을 시도했지만 결과적으로 승리한 것은 킹의 노선이었다. 흑인인권운동의 대표적 인물이 킹으로 손꼽히고 그의 비폭력–불복종 투쟁이 전설적인 일화로 남아 있는 현실이 이를 증명한다. 킹의 비폭력주의와 흑백조화론이 정당한 것으로 평가받는 데 비해, 맬컴 엑스의 폭력주의와 흑백분리론은 과격하고 급진적인 주장으로 인식된다. 하지만 지금의 미국이, 과연 킹이 꿈꾸었던 흑백이 차별받지 않고 모두가 함께 인간으로서 존중받는 세상일까?

물론 이전처럼 미국 사회에서 피부색으로 버스 좌석이나 화장실을 구분하거나, 흑인이라는 이유만으로 합법적 테두리 안에서 차별받는 경우는 거의 없다. 이는 분명 킹과 맬컴 엑스 그리고 그 이전부터 흑인들이 인간답게 살아갈 권리를 위해 싸워온 수많은 이들이 거둔 성과이다. 그 안에서 킹의 노력과 헌신, 영향이 지대했다는 것도 사실이다. 하지만 지구 반대편인 이 한반도에 간간이 들려오는 뉴스만으로도 미국 사회에서 인종차별이 근본적으로 사라지지 않았음을 알 수 있다. 백인 경찰이 별다른 혐의점 없는 흑인 소년을 총격으로 사망하게 했다는 뉴스는 이제 새롭지도 않다. 일반적으로 흑인과 백인이 성장환경이 다르고, 굳이 흑백분리를 제도화하지 않아도 살아가는 지역이나 환경이 완전히 분리되어 있다는 것은 미국 사회에 대한 상식이다. 물론 흑

225

인 출신인 오바마가 대통령이 되기도 하고 주류사회 편입에 성공한 흑인들도 있지만, 대다수 흑인들은 백인들에 비해 압도적으로 열악한 환경에서 평생을 살아간다. 흑인이 감옥 생활을 하는 비율은 백인의 6배이고 실업률은 2배, 경찰의 총격으로 숨질 확률은 21배 높다. 고교 졸업 비율 또한 백인이 78%인데 비해 흑인은 52%로 현저히 낮으며, 기대 수명도 백인보다 5~7세 낮다.[43] 또한 흑인가정이 지금의 백인가정만큼 경제적 수준을 갖추고 살아가려면 228년이 걸린다는 통계도 있다.[44]

만약 킹이 살아 돌아온다면 자신의 사후 50년이 지난 지금도 여전히 흑인들이 차별받는 모습을 어떤 심정으로 바라볼까. 논란의 여지는 있을 수 있지만, 결국 지금 미국 사회의 인종차별 문제는 킹의 노선인 비폭력−불복종주의가 만들어낸 결과이다. 차별은 화해와 용서가 아니라 구조적 변화로만 해결될 수 있다. 지배하는 자와 지배받는 자가 함께 공존할 수 있다는 것 자체가 허구이며, 지배와 피지배의 관계가 평화롭게 평등해지길 바라는 것 또한 환상이다. 킹이 말한 흑백이 공존하며 인종차별을 극복하는 것, 그리고 이를 위해 폭력을 금지하고 평화롭게 요구하고 협의한다는 것은 지나치게 안일한 발상이지 않았을까? 지금에 와서 평가해보면 킹의 주장은 흑인보다는 미국 사회 시스템의 안정을 위한 것이었다. 미국 사회가 어찌되든 신경 쓰지 않고 흑인들이 하루빨리 인종차별과 억압에서 벗어나길 바랐다면, 맬컴 엑스의 노선이 더 진정성이 있었던 게 아닐까. 결국 킹과 비폭력주의 흑인인권운동 신화는 반쪽짜리 성공에 불과했다.

저항이 있는 곳에는 언제나 킹과 맬컴 엑스가 있을 수 있다. 함께 저항하는 사람들과 어떤 방법으로 목적에 도달할 것인지 논쟁을 벌이는 것은 당연하다. 하지만 이 논쟁에서 폭력을 사용 여부가 옳고 그름의 기준이 될 순 없다. 저항의 목적은 저항을 통해서 억압에서 벗어나는 것이지, 평화 그 자체가 아니기 때문이다. 비폭력은 저항의 수단으로서 활용할 수 있는 여러 선택지 중 하나이지, 그 자체로 가치를 갖지 않는다. 비폭력이 그 자체로 가치를 갖는다면 비폭력으로 저항의 목적을 달성하지 못하더라도 상관 없다. 하지만 그건 저항운동에 대한 일종의 무책임이다.

대항폭력, 비폭력 그리고 반폭력

현대사회를 살아가는 사람들 중에 폭력이 좋거나 또는 옳다고 주장하는 사람은 찾기 어렵다. 그만큼 우리는 폭력이 절대적으로 금기시되는 시대에 살고 있다. 명분이 아무리 좋더라도 폭력을 사용하는 순간 정당성을 잃는다. 흔한 히어로물의 주인공이 사

2장 깨뜨려야 할 우리 안의 포스트모던

람을 죽이지 않는다는 원칙을 가지고 사람을 죽이는 순간 대의는 없다고 말하는 모습은 진부하기까지 하다. 폭행에 대해서 법적으로 처벌할 때도 전후 상황을 고려하는 것보다 물리적 폭력을 누가 먼저 사용했는지가 기준이 된다. 폭력은 문명의 적으로 어떠한 목적으로도 용인될 수 없다. 목적이 수단을 정당화할 수 없기에, 폭력은 그 자체로 악으로 취급받는다. 그럼에도 불구하고 인류는 폭력 없는 세상에서 살아본 적이 없다. 좋든 싫든 간에 아직까지 인류는 폭력을 통제하면서 폭력과 더불어 살아가고 있다. 그렇기 때문에 폭력에 대한 의견 또한 다양할 수밖에 없다.

먼저 현대사회에서 폭력이 어떻게 다루어지는지를 살펴보자. 사나울 폭暴, 힘 력力. 한자어 그대로 표현하면 사나운 힘이라는 뜻이다. '폭력'이 일반적으로 부정적 뉘앙스를 가지는 것은 사실이지만, 단어 자체에는 옳고 그름을 정의하는 기준이 없다. 정확히 말하면 이 사나운 힘을 누가 누구에게 사용하는지에 따라 옳고 그름이 달라진다. 인류의 문명은 폭력을 정당한 방향으로 사용하게끔 움직이는 과정이었다. 현대 국가가 폭력의 권한을 독점하고 있는 것도 이와 같은 방향성에 부합하기 위한 노력이다. 개인의 자유로운 의사로 폭력을 행사할 수 있는 권한을 국가에 반납하고, 개개인의 합의와 동의로 만들어진 국가가 법이라는 수단으로 폭력을 사용하는 것에 우리는 정당성을 부여한다. 범법자에 대한 폭력이 정당화되는 이유도, 국가와 국가 간의 전쟁에서 폭력이 영웅주의를 넘어 신성시되는 이유도 바로 그것이다. 지금 시대에는 오직 국가가 사용하는, 혹은 국가를 위해 사용하는 폭력만이 정당화된다.

하지만 국가도 완벽하지 않다. 즉, 국가가 사용하는 폭력이 항상 정의로운 것은 아니다. 개개인의 합의와 동의가 국가가 폭력을 행사할 때마다 매번 개입되어 있는 것도 아니거니와, 설사 그렇다 하더라도 개개인의 합의가 그 폭력의 방향성이 올바르다고 보장하는 것도 아니다. 게다가 국가가 폭력을 독점한다는 것은 국가를 향한 구성원들의 저항권에 있어 폭력을 배제시키는 방식으로 작동하기도 한다. 국가가 올바르지 않은 폭력을 행사할 때 이에 저항하고자 하는 사회구성원들의 힘을 무력화시키는 것이다. 이런 시스템에서 독재와 전체주의는 더 월등한 권력과 지위를 얻고, 사회구성원들은 국가폭력의 대상으로만 존재하게 된다. 이런 경우 국가폭력에 저항할 수 있도록 시민들의 정치적 요구를 폭력으로 분출할 수 있게 허용하는 논리가 바로 대항폭력 counter-violence이다. 대항폭력은 거대한 권력으로부터 억압받는 상황에서 저항할 수 있는 권리로서 폭력을 사용할 수 있다는 개념이다. 즉, 폭력에 대한 저항은 폭력으로 가능하다는 것이다. 현대사회에서 대항폭력은 주로 국가폭력이나 제국주의-자본주의

2장 깨뜨려야 할 우리 안의 포스트모던

의 구조적 폭력에 맞서고자 하는 사람들이 차용하곤 한다.

대항폭력에 반대되는 개념으로는 비폭력non-violence이 있다. 비폭력은 말 그대로 폭력을 쓰지 않는 것이다. 앞서 다룬 킹 목사의 비폭력−불복종주의처럼 그 어떤 폭력에도 폭력이 아닌 평화적인 태도로 맞서야 한다는 것이다. 이러한 견해는 폭력 자체를 근절하고자 하는 집단이나 개인이 그 내부에 존재하는 폭력의 속성을 제거하지 못한다면, 폭력 자체가 사라지는 것은 불가능하다고 주장한다. 인도의 독립운동가 마하트마 간디가 비폭력주의의 사상적 뿌리라고 할 수 있다. 간디는 힌두교에 입각하여 아힘사ahimsā(비폭력), 사티아그라하satyagraha(진리의 파악)라는 개념으로 비폭력주의를 사상적으로 정리했다. 간디는 비폭력을 저항 수단으로 본 것이 아니라, 비폭력 자체가 진리라고 보았다. 그래서 스스로 진리를 현실에서 구현하기 위해 비폭력−불복종운동을 인도 독립운동 과정에서 펼쳤고 성공했다. 당시 인도를 식민통치했던 영국의 부당한 소금세 부과에 저항하기 위해, 비폭력−불복종을 앞세우고 소금세 행진을 벌였던 것이 가장 대표적인 사례다.

하지만 비폭력주의는 치명적인 한계를 안고 있다. 미국의 인종차별 문제를 근본적으로 해결하지 못한 킹의 사례를 차치하고, 간디만 하더라도 독립운동 당시 영국 관료가 집회 해산을 요구하면 그 즉시 해산했다고 한다. 간디의 비폭력주의 집회에 참여한 인도의 대중들이 무차별적인 영국군의 공격에 의해 희생된 적도 있다. 이처럼 비폭력주의는 부당한 권력에 맞서는 과정에서 막대한 희생을 치를 수밖에 없다. 변화보다 비폭력이라는 방식에 집착하는 태도가 실제 사회구조를 바꿔낼 수 있는지도 의문이다. 게다가 비폭력주의는 지배권력과 기득권을 옹호하는 시스템의 논리로 악용되곤 한다. 저항의 수위를 낮추고, 안정적으로 통치하는 데 도움이 되기 때문이다. 비폭력주의는 폭력 자체가 나쁘다고 말하면서, 지배권력의 구조적 폭력은 지속시키는 아이러니한 논리이다.

대항폭력과 비폭력은 서로 대립되는 개념으로서 꽤나 오랫동안 논쟁을 했다. 이러한 대립의 순환고리에서 탈피해야 한다고 말하며 나온 개념이 바로 반폭력anti-violence[45]이다. 반폭력은 비폭력처럼 폭력을 사용하지 않는 수동적 자세에서 그치는 것이 아니라, 폭력에 반대하고 이를 근절하기 위한 적극적 자세를 요구한다. 대항폭력이 폭력이라는 수단을 활용한다는 점에서 한계가 있고, 비폭력이 실제 변화를 이끌어내는 지점에서 한계가 있다면 이 모두를 극복하자는 취지인 것이다. 그러한 방법론으로서 반폭력은 시민의 정치를 복원해야 한다고 말한다. 현대사회의 폭력은 대부분 구조 내부에서 발생하고, 폭력의 피해는 구체적으로 정치적 주체를 파괴한다. 그렇기 때문에 반대로 정치적 주체인 시민

231

을 복원해내는 과정이 폭력에 반대하는 행위라는 것이다. 그러한 시민권을 통해 공적 영역을 구축하여 폭력을 발생시키는 구조를 변화시킬 수 있다면 가장 확실한 폭력의 근절이 가능할 것이다. 이는 대항폭력이나 비폭력의 대립을 초월하는 개념이다. 하지만 그렇다고 해서 반폭력이 폭력을 극복하는 대안이라고 확신하기는 어렵다. 현실에서 폭력은 관념이 아니라 실재다. 폭력은 철학과 사상의 문제가 아니라, 수많은 이해관계와 얽혀 있다. 관념적 대안을 실재적 대안으로 적용할 수 있을지 의문인 것이다. 만약 시민권의 정치를 막아서는 폭력이 있다면 반폭력은 어떻게 대처할 것인가? 반폭력은 시민권의 정치를 복원하기 위해 폭력을 수단으로 선택할 수 있을까?

역사가 증명하는 건 인류의 역사가 진보는 늘 폭력투쟁을 동반했다는 것이다. 봉건사회와 신분제를 부수는 혁명도, 식민지에서 벗어나고자 하는 독립운동도 '폭력'적이었다. 물론 지금은 그때보다 더욱 문명화됐고 진보했기 때문에 굳이 폭력을 사용하지 않아도 된다는 반론이 있을 수 있다. 하지만 지금보다 이전의 시대는 그 이전의 시대보다 더 나은 시대였고, 그 이전의 이전의 시대는 그 이전의 이전의 이전의 시대보다 더 나은 시대였다. 그럼에도 낡은 구조에 저항하는 수단으로서 폭력은 항상 유효하지 않았는가! 결국 우리가 지금 살아가고 있는 시대 또한 그다음, 또

그다음 시대에서 바라보면 낡은 시대에 불과할 것이다. 그 미래의 인류는 지금의 우리에 대해 "어떻게 그런 억압을 견디며 살았던 거지? 다 엎어버리면 될 것을!"이라고 말하고 싶지 않을까.

가짜 평화가 감추는 진짜 폭력

일반적인 폭력은 일차원적인 물리력을 뜻한다. 이러한 종류의 폭력은 개인의 일탈이나 이기심으로 벌어지는 범죄의 형태로 나타나며 주로 치안 문제로 취급된다. 21세기 현대 국가들에서는 치안이 상대적으로 나아지고 있다. 인류 역사에서 범죄가 없던 시대는 없었지만, 이를 통제하는 방식이 현대에 이르러 전문화되었다는 것은 부인할 수 없다. 따라서 여기에선 이러한 일차원적 폭력을 제외한 구조적 폭력에 집중하여 다루고자 한다.

일단 국가, 사회, 공동체, 법 등 인간이 발 딛고 있는 모든 구조는 사실 그 자체로 폭력이다. 현대에 이르러 폭력의 범주는 점점 더 엄밀하게 적용되고 있으며, 따라서 확대되고 있다. 물리적 폭력뿐만 아니라 언어폭력, 사회적 따돌림까지 폭력으로 규정하는 이유도 바로 이 때문이다. 폭력을 규정하는 범주를 자유에 대한 침해까지 확대한다면 '자유로운 개인'을 주체로 하는 근대 이후 국가관에서 모든 구조는 그 자체로 폭력인 것이다. 구조 아래 인간은 온전히 '자유로운 개인'이 될 수 없기 때문이다. 물론 이 폭력은 시스템 안에서 정당화되어 있다. 그래서 대부분은 이를 폭력이라고 인지하지 못하거나 인지할 필요성을 느끼지 못한다. 오히려 이러한 폭력을 용인하고, 대신 안전이나 평화 등 더 큰 가치를 얻어낸다고 믿는다. 폭력에 대한 사적 권한을 국가에 반납하고, 국가가 폭력을 독점하여 이를 통해 개개인의 안전을 보장한다는 사회계약설이 그 대표 논리이다.

하지만 범주를 조금 더 좁혀보면, 어떤 구조인지에 따라 폭력은 성격을 달리한다. 이를테면 자본주의 체제에서의 구조적 폭력과 공산주의 체제에서의 구조적 폭력은 성격이 다르다. 자본주의 체제의 대표적인 구조적 폭력이 노동력 착취라면, 공산주의 체제에서는 관료제로 인한 억압이다. 둘 다 폭력이기 때문에 나쁘다는 비판은 의미가 없다. 아나키스트가 되거나 죽림칠현처럼 자연인으로 사는 것이 아니라면, 덜 나쁜 쪽이나 더 좋은 쪽을 선택하거나 다른 대안을 제시해야 한다. 인간은 사회적 동물이기 때문에 구조 안에서 살아야 하고, 모든 인간이 가장 평등하고 자유로운 구조로 점차 나아가는 과정이 역사였기 때문이다. 그리고 이 과정은 현시대의 구조적 폭력에 대한 저항으로 가능하다.

지금 우리가 살고 있는 현시대의 구조는 자본주의, 제국주의, 가부장제 등 다양한 방식으로 정의하고 판단할 수 있다. 이 모든 정의들은 각각 의미가 있고, 이 구조와 시스템의 본질과 성격을 잘 나타내고 있다. 자본주의 체제에서 폭력의 최대 피해자는 절대 다수의 노동자들이며, 제국주의의 피해자는 세계화를 이식당하는 국가의 다수 인민들이고, 가부장제의 피해자는 여성과 사회적 소수자들이다. 이 모든 구조적 폭력들은 모두 근절되고 극복되어야 할 대상이다. 하지만 이러한 구조적 폭력은 흔히 은폐되고 감추어진다. 이를 감추고자 하는 세력이 있기 때문인데, 그들은 바로 이 구조 안에서 기득권을 누리고 있는 지배권력이다. 그들은 구조적 폭력을 감추기 위해 온갖 방법을 사용한다. 생계를 위협하거나, 사상과 논리로 시스템을 정당화하거나, 교육제도를 통해 세뇌시키거나, 복지를 통해 당근을 주기도 한다. 그들은 구조적 폭력을 당연시하고 평화라고 포장한다. 평화를 말하며 이라크를 침공하는 미국의 모습이 대표적이다. 그들의 평화는 진짜 폭력을 감추고 있다. 이런 구조적 폭력 앞에서 "폭력은 안 돼, 평화적인 방식을 지켜야지"라고 말하는 것은 진짜 폭력을 외면하는 것이다. 그들의 은폐를 뚫어내고 다수 대중들을 설득하는 것이 진보의 역할을 자임하는 사람들의 역할이다.

오늘 집회의 '목적은 평화시위'입니다?

2017년, 100만 촛불은 대한민국 헌정 사상 최초로 현직 대통령을 탄핵시켰다. 넉 달 동안 열아홉 차례의 촛불집회에 연인원 1,600만 명이 참가했다고 한다. 가히 경이로운 일이라고 할 만하다. 외신들이 보도하는 것처럼 어쩌면 한국의 촛불집회는 새로운 민주주의를 향한 가능성일지도 모른다. 하지만 뭔가 마음 한 구석 답답함이 있다. 100만, 아니 1,600만 명이나 모였는데 왜 대통령을 직접 끌어내리지 않고 헌법재판소의 힘을 빌렸어야 했을까? 우리 모두가 헌법을 수호해야 한다는 가치에 동의해서일까, 아니면 헌법재판소에 대한 무한한 신뢰 때문일까? 아마도 둘 다 아닐 것이다. 시스템을 파괴하는 방식이 아닌, 시스템 안에서의 평화로운 대통령 탄핵이 가장 이상적이라는 환상 때문일 것이다. 반대로 이야기하면, 민중들이 모여 폭력을 수단으로 대통령을 끌어내리는 것은 잘못된 일이라는 강박 때문이다. 이러한 강박은 언론에서 촛불집회를 다루는 방식에도 잘 드러난다. 촛불집회를 실시간으로 보도했던 각 언론들은 집회 참가자들과 경찰 사이의 충돌을 집중적으로 다뤘다. 어느 현장에서 누가 언제 경찰과 충돌이 있었는지, 오늘은 누가 차벽을 넘다 경찰에 연행되지 않았는지를 감시했다. 그렇게 해서 촛불집회의 순수성을 평가하고, 우리가 말하는 민주주의의 진정성을 평가했다. 덕분에 촛불집회 참가자들은 집회를 진행하는 내내 폭력에 대해 민감하게 반응했다. 누군가 차벽을 넘어 청와대로 가자고 하면 그는 프락치로 몰렸다. 누군가 경찰과 충돌을 빚으면 집회 참가자들은 "하지 마, 하지 마"를 외쳤다. 촛불집회는 폭력으로 인해 더럽혀져서는 안 될 순수한 민주주의의 꽃 그 자체였다. 물론 평화로운 집회를 지향한다. 하지만 주객이 전도되어선 안 될 것이다. 언제부터인가 촛불집회의 목적이 대통령 퇴진이 아니라, 평화시위가 아닌가 하는 의심이 들 정도였다. 평화시위를 하기 위해 모인 사람들은 평화롭게 집회를 마무리하고 뒤풀이에서 소주 한잔 하며 오늘도 수고했다며 다음 주말을 기약했다. 박근혜 정권에 대한 사회적 분노는 경찰이 세운 차벽, 딱 거기까지였고 밤 10시만 되면 잠잠해졌다. 우리의 정치적 요구 또한 딱 거기까지였다. 그게 87년 체제라 불리는 대한민국 민주주의의 한계고, 아쉽게도 우리는 100만 촛불정국에서 이를 넘어서지 못했다. 아마도 박근혜 대통령 탄핵은 87년 체제 안에서 최대치로 이룬 민주적 성과로 남을 것이다. 거꾸로 이야기하면 87년 체제는 자신의 최대치를 이미 해냈다. 이제 87년 체제는 자기 몫을 다했고, 유통기한이 끝났음을 고하는 일만 남았다.

대통령 탄핵 이후, 개헌에 대한 어느 토론 자리에서 대표 진

237

보논객으로 자리 잡은 유시민은 헌법이 무엇을 잘못했냐며 "헌법에게 주먹이 있었으면 쥐고 나올 것"이라고 말했다. 하지만 헌법은 잘못이 있다. 박근혜 정권의 탄생과 이로 인한 비선실세 논란, 세월호 참사에 대한 대응, 일본군 위안부 피해자에 대한 한일합의, 국정교과서 논란, 노동개악 등 이루 다 말할 수 없을 정도로 참담한 실책들이 헌법의 묵인 아래 이루어졌다. 이 모든 게 386세대가 성과라 자부하는 87년 체제에서 용인된 것이다. 헌법은 주먹이 있더라도 쥐고 나올 자격이 없다. 386세대의 대표적 인물인 유시민 또한 그렇게 말할 자격이 없다. 결국 박근혜 정권은 기성세대 그들 모두의 책임이다. 그들이 김대중, 노무현 정권 10년을 거치는 동안 똑바로 정치를 했다면 박근혜 정권이 탄생할 이유조차 없었을 것이기 때문이다. 삼포세대, 압도적인 청년 실업률 앞에서 청년들은 이 나라에 희망을 잃었다. 이미 헬조선인 나라에서 시스템을 바꿀 생각은 없고, 시스템 안에서 대통령과 집권여당만 바꾸면 살맛 나는 나라로 만들어주겠다는 거짓말은 이제 통하지 않는다. 87년 체제는 낡았다. 낡은 것을 부수고 새로운 것으로 나아가는 것이 인류 역사의 불변하는 진리이자 진보다. 지금의 헬조선은 대통령이나 집권여당을 바꾸는 것으로는 안 된다. 시스템 자체를 바꾸는 근본적 문제제기가 절실하다.

시스템을 바꾼다는 것은 구체제를 파괴하는 것과 새로운 시스템을 만드는 것 두 가지 행위로 구분된다. 이 두 가지가 분리될 수도 함께 이루어질 수도 있지만, 분명한 것은 시스템의 파괴는 그 자체로 폭력적인 경향성을 띤다는 것이다. 기존의 세상을 부수는 것은 구체제 안에서의 합리와는 무관하다. 그렇기 때문에 이를 해내기 위해서 때로는 폭력조차 용인되기도 한다. 아니, 역사 속에서 구체제의 붕괴는 늘 폭력을 동반했다. 이를 두려워해선 세상을 바꿀 수 없다.

물론 지금 당장 폭력을 동원하여 무장투쟁을 통한 혁명을 하자는 것은 아니다. 그러지 않는 이유는 폭력 자체가 두렵거나 옳지 않아서가 아니라, 그러한 방식이 적절치 못하기 때문이다. 폭력을 사용하는 방식으로는 다수 대중들의 지지를 얻을 수도 없고, 지금 시기에 물리적으로 무언가를 부수거나 누군가를 때리는 것은 개인적인 화풀이 외에 별 의미가 없다. 폭력은 세상을 바꾸기 위한 다양한 선택지 중 하나로써 선택할 수도 있고 하지 않을 수도 있다. 그러나 폭력이라는 방식을 아예 선택지에서 제외하고 배제하는 사고에는 한계가 있다. 이는 정치적 온건함, 사상적 타협도 아닌 그저 개인의 도덕적 영역에서 고결하고 싶은 욕망일 뿐이다.

자식을 잃은 세월호 유가족들 앞에서 누군가는 말한다. 그래도 폭력집회는 안 된다고. 일국의 대통령이 일개 무당의 허수아

비였다는 사실이 밝혀져도 누군가는 말한다. 그 대통령이 세운 차벽을 부수는 건 범죄라고. 공수부대의 군홧발에 짓밟혀 난사당한 5.18광주에 누군가는 말한다. 그래도 총을 들고 군인을 쏜 건 잘못된 일이라고. 그럼 우린 도대체 뭘 할 수 있을까? 거대한 폭력 앞에서 인간의 존엄과 권리를 압사당하는 현실에서 우리는 언제까지 오른쪽 뺨을 맞으면 왼쪽 뺨을 내주면서 저항해야 할까. 저항하는 사람들의 두 주먹을 묶고 "자, 응원해줄 테니 이제 한번 싸워봐!"라고 말하는 건 온당한 일일까.

이제 더는 맞고만 있지 않겠다고 선언해야 할 때다. 폭력의 권한을 기득권과 지배권력의 손에서 다시금 저항하는 사람들의 권리로 쟁취해내야 한다. 우리는 평화시위를 하기 위해 거리로 나온 게 아니라 이 세상을 바꾸기 위해 나온 것이라고 말할 수 있어야 한다.

폭력을 대하는 올바른 방법

1919년 3.1운동은 대한민국 역대 헌법 조문에서 빠진 적이 없다. 그만큼 이 나라의 정통성을 담보하고 있는 투쟁이다. 헌법에 따르면 대한민국은 3.1운동의 정신을 계승한 나라다. 그런데

이 3.1운동 정신은 도대체 무엇일까? 한국인 대다수는 이를 비폭력-불복종 형식으로 식민지 조국의 독립을 외치는 것으로 생각한다. 이재명 성남시장은 박근혜 정권 탄핵 정국에 대해 "촛불집회는 제2의 3.1운동이며, 비폭력과 평화만이 우리의 무기"라고 말했다. 하지만 역사 속 3.1운동은 사실 폭력으로 점철된 피 튀는 투쟁이었다. 초기 소위 민족대표 33인은 비폭력 형태를 구상했지만, 실제로 투쟁의 주축이 된 민중들은 비폭력적 태도로 참여하지 않았다. 박은식의 《한국독립운동지혈사》에 따르면 3.1운동에 참여한 시위 인원은 약 200만 명이며, 7,509명이 사망, 1만 5,850명이 부상, 4만 5,306명이 체포되었으며, 헐리고 불탄 민가가 715호, 교회가 47개소, 학교가 2개소였다.[46] 이 과정에서 민중들은 각자의 무기를 들고 일본군과 싸웠다. 3.1운동의 본모습은 수백만 민중들이 조선의 독립을 위해 싸웠던 전쟁이었다. 그래서 3.1혁명 혹은 3.1독립전쟁으로 이름부터 바꾸어야 한다는 주장도 있다. 하지만 우리 사회는 역사를 가르치며 3.1운동의 실체를 숨기려고만 했다. 한때 3.1만세운동이라고 칭하며, 빼앗긴 조국을 되찾기 위해 거리에서 태극기를 흔들며 만세나 외쳤던 사건으로 인식하도록 한 적도 있었다. 도대체 무엇이 부끄러워서 역사를 왜곡하면서까지 3.1운동의 실체를 숨기려고 했던 것일까?

2장 깨뜨려야 할 우리 안의 포스트모던

폭력이 연관되면 3.1운동의 순수성과 정당성이 격하된다는 착각에서 비롯한 것이 아닐까? '폭력=악'이라고 규정되는 시대에 조상들의 헌신적인 독립운동이 신성하게 다뤄지길 바라는 마음이 만들어낸 역사 '왜곡'인 것이다. 아니면 "부당한 권력에는 폭력을 동원해서라도 싸워야 한다"는 실제 3.1운동의 정신이 대한민국에 그대로 계승되면 위험하다고 판단한 기득권과 지배권력의 조작 때문일 수도 있다. 어찌됐건 우리는 자랑스럽고 당당해야 마땅한 3.1운동의 '폭력'을 은폐하는 세상에 살고 있다.

폭력이 그 자체로 나쁘거나 근절되어야 하는 것은 아니다. 오히려 이러한 오해가 현실에서 폭력을 숨기고 은폐하려는 태도로 나타난다. 우리는 폭력을 정면에서 똑바로 마주하는 것에 익숙해져야 한다. 어떤 폭력이 정당한 폭력인지에 대해서 고민하고 논의해야 한다. 하나의 기준을 마련해 좋은 폭력과 나쁜 폭력을 정하는 것이 아니라, 일상에서 폭력에 대한 공적 담론을 만들어야 한다. 폭력은 생활 속에서 공존하고 있다. 평소에 인지하지 못하는 사소한 언어폭력부터, 거대권력의 구조적 폭력까지 우리가 극복해야 할 폭력은 일상에 산더미처럼 놓여 있다. 그런데 "폭력은 무조건 나쁘다"라는 인식은 폭력을 근절하기 위한 대항폭력조차 무조건 옳지 않다고 규정하면서 피해자를 가해자로 만들기도 하고, 근본 원인이 되는 폭력은 은폐된 채 파편처럼 떠도는 폭력들에 대해서만 왈가왈부하는 상황을 연출한다. 폭력이 존재한다는 것은 현상이고 사실이다. 이를 인정한 뒤에야 진정으로 폭력을 극복하기 위한 과정이 시작될 것이다. 만인에 대한 만인의 투쟁처럼 모든 폭력이 난무하는 아수라를 말하는 것이 아니다. 우리는 분명 폭력을 통제해야 한다. 하지만 "폭력을 없애자"라고만 말하는 것은 실제 폭력을 근절하는 것에도 아무런 도움이 되지 않는다. 정당한 폭력과 부당한 폭력을 구분하고, 부당한 폭력에 저항하는 폭력을 어떻게 수용할 것인지 치열하게 고민해야 한다.

비폭력주의는 그 자체로는 타당해보일지 모르지만 한계 또한 명확하다. 폭력이 옳고 그름의 기준이 될 순 없다. 비폭력주의는 저항하는 사람들의 내부적 폭력을 근절하는 자정작용일 뿐 구조적 폭력을 변화시키진 못한다. 비폭력주의는 낡은 저항의 논리이다. 진정 폭력 없는 새로운 시대는 비폭력주의를 넘어서는 사고로 가능하다.

2장 깨뜨려야 할 우리 안의 포스트모던

3장   자유주의를 넘어서는
진보를 꿈꾸다

자유주의 리버럴은 이론적으로도 현실적으로도 진보로서 적합하지 않다. 자유주의의 대전제인 '온전히 자유롭고 독립적인 개인'이라는 개념 자체가 많은 결함과 오류를 내포하고 있다. 이에 대해 논해보고, 그렇다면 자유주의와 포스트모던이 아닌 새로운 진보는 어떠한 가치를 어떠한 방식으로 제기해야 하는지 고민해보고자 한다.

1. '나는 너', '너는 나'
를 위한 철학

인간은 '세계-내-존재'이다

인간은 혼자 살아가지 못한다. 현대 철학의 거장 마르틴 하이데거는 인간을 '세계-내-존재'라고 정의한다. 하이데거뿐만 아니라, 대부분의 현대 철학자들은 근대의 대표적인 인간관인 데카르트의 "나는 생각한다, 고로 존재한다Cogito ergo sum"라는 명제에 대해 그리 긍정적이지 않다. 인간을 그리 간단하게 독립적이고 개인적인 실체로 보기 어렵기 때문이다. 하이데거에게 인간은 세계를 향해 열려 있는 창문과도 같은 존재다. 창문을 통해 세계를 관조하는 실체를 떠올려선 안 된다. 오히려 인간은 바깥으로 열려 있는 창문 그 자체일 뿐이라는 것이 그의 설명이다. 인간은 세계 속에서 끊임없이 세계와 관계를 맺으며 존재한다. 세계와 별도로 존재하는 것이 아니라 세계 '속'에 있는 것이다.

  그 외에도 수많은 철학자들의 인간에 대한 규정이 있겠지만, 기본적으로 '관계성'이라는 측면을 빼고는 인간을 정의하기 어렵다. 스스로 나는 '김철수'라고 생각한다고 해서 내가 '김철수'가 되는 것이 아니다. '김철수'라는 사람이 '김철수'인 이유는 가족들이, 친구들이, 다른 누군가가 어제도 오늘도 내일도 그를 '김철수'라고 불러주고 기억하기 때문이다. 타자 혹은 세계와 어떤 관계도 성립되지 않는 것은 불가능할 것이다. 즉, 인간은 반드시 사회적 관계를 맺게 된다. 사회에서는 그에게 '김철수'라는 이름으로 신분증을 발급할 것이다. 그리고 자연스레 남성·직장인·월급 200만 원·외동아들 등 사회적 규범과 관습에 따른 정체성을 부여할 것이다. 이는 그의 사회적 정체성이 되고, 그가 살아가는 구조와 기반이 된다. 인간을 사회적 동물, 정치적 동물이라고 일컫는 이유 또한 이와 같다.

물론 인간이 사회적 동물이라고 해서 일방적으로 개인이 사회에 의해 규정당하는 관계는 결코 아니다. 개인 또한 사회에 영향을 미칠 수 있으며, 이러한 상호작용을 통해 소통하고 변화하는 것이 사회와 개인의 관계에서 핵심이다. 그렇기에 하이데거는 인간을 창문에 비유했을 것이다. 이러한 관계성은 살면서 누구나 스스로 고민하는 부분이다. 어느 순간 일정한 답을 찾는다고 해서 그것이 변함없이 유지되는 것도 아니다. 살아가는 평생에 걸쳐 고민하고 답을 내리고, 또 번민하는 부분이다.

결론적으로 인간이 이렇게 '관계성'을 핵심으로 지니고 존재한다는 것은 결국 독립적인 인간관에 대한 의심을 가능케 한다. 사회 속에서 살아가는 인간은 결코 독립적이고 개인적인 주체일 수만은 없다. 인간은 자유롭고 주체적이어야 하지만, '나' 혼자서는 불가능하다. '우리'가 함께 자유롭고 주체적일 수 있는 방향을 고민해야 한다.

'자유주의'라는 환상

현대의 자유주의적 세계관에서 인간이 '자유롭고 독립적인 존재'라는 것은 절대적인 명제이다. '자유롭고 독립적인 개인'이 세계를 구성하는 기본적인 주체가 된다. 이러한 인간관은 수세기 동안 봉건적 세계관과 전체주의 속에서 자유가 억압당해온 데 대한 반작용에서 비롯된 것이다. 인류 역사 속에서 절대다수의 사람들은 권력은커녕 권리도 없이 일평생 자유를 누리지 못했다. 자유에 대한 열망은 거셌고, 이에 부응하는 철학적 개념으로서 자유주의가 등장했다. 자유주의는 개인의 자유와 권리의 신장, 억압 없는 사회, 국가를 넘어선 세계시민과 세계화, 자유로운 시장에서의 공정한 경쟁 등 다양한 이상—혹은 환상—을 제시한다. 하지만 자유주의 세계관에서 개인은 온전히 자유로울까? 결코 그렇지 않다.

먼저 자유주의는 기본적으로 사회를 공동체라는 하나의 덩어리로 바라보지 않는다. 사회와 공동체 이전에 그 공동체를 이루는 개개인을 그 주체로 본다. 공동체는 개개인들이 모여서 합의한 집합체에 불과하다. 그러다 보니 개개인들의 자유와 권리를 우선시하고, 개인의 능력에 따라 얻어진 성과—자본주의 사회에서는 이윤과 자본—는 신성불가침한 것이 된다. 이렇게—겉으로나마—개인적 능력에 따라 성취된 성과들의 격차는 불평등을 낳고, 이 불평등은 또 다른 불평등을 낳는다. 이 불평등은 경제, 정치적 권리, 더 나아가면 누릴 수 있는 자유의 불평등으로 확대된다. '자유' 그 자체도 능력이나 운에 따라, 혹은 경쟁을 통해 불평등하게 분배되는 것이다. 즉, 사회시스템이 '누가 누구보다 더 자유롭고 덜 자유로운가'를 통해 구성원들을 상대적으로 억압하고 통제한다. 자본주의 사회에선 이러한 불평등이 대를 이어 세습되곤 한다.

두 번째로 '모든 개인이 자유로운 상태'는 애초에 불가능하다. 앞서 인간이 사회적 동물이며, 더불어 살아갈 수밖에 없다는 견해를 밝혔다. 그런데 개인과 개인이 함께 살아가면서 서로의 자유를 침해하지 않을 방법은 없다. 그래서 자유주의는 서로의 기본적 권리를 침해하지 않는 선에서 최대한의 자유를 보장하는 타협적 기준을 제안하지만, 이는 다른 말로 '기본적 권리를 어디까지로 규정하느냐'의 문제이다. 자유는 어차피 온전히 보장될 수 없고, 결국 이 '기본적 권리'를 규정하는 방식은 자유를 어디까지 반납해야 하느냐의 문제로 환원된다.

세 번째로 샌델과 같은 공화주의 철학자들이 제기하듯, 자유주의는 공동체에서 일어나는 도덕적 딜레마를 해결할 수 없다. 자유주의는 왜 사회가 각 개인들에게 법이나 도덕 같은 사회적 규범을 강제하고 이를 통해 구성원들을 통제해야 하는지 설명하지 못한다. 법이나 도덕에 앞서 존재하는 '자유롭고 독립적인 개인'이라는 주체는 법이나 도덕을 초월하는 개념이다. 여기서 사회와 공동체의 기반은 흔들린다. 조금 더 명확히 말하자면, 공동체가 지향해야 하는 공동선common good이라는 개념이 불투명해진다. 개개인이 공동선을 지향하거나 추구할 의무가 사라지고, 공동체적 연대가 약화되면서 그 사회는 위기를 맞는다. 왜냐하면 사회가 추구하는 가치와 지켜야 할 도덕과 규범을 공동선이라 했을 때, 이 모든 것이 부정되는 사회에서 각 구성원들은 함께 살아가는 방법을 전혀 고민할 수 없기 때문이다. 이러한 위기는 자유주의로 결코 극복할 수 없다. 개인의 욕망과 사회공동체의 합리가 충돌할 때 자유주의는 사회공동체의 합리와 이익을 담보하지 못한다. 공동체의 공동선과 이를 위한 연대의 의미를 설명하기에 자유주의는 불완전하다.

마지막으로 자유주의의 기본 전제인 '자유롭고 독립적인 개인' 자체가 존재할 수 없는 허구다. 공동체주의의 대표적 철학자인 알래스데어 매킨타이어는 인간을 '서사적 존재'라고 규정한다. 이는 인간이 이야기하는 존재라는 것을 넘어서, 인간이 이야기 안에서 존재한다는 개념까지 포괄한다. 역사나 공동체라는 서사 안에서 인간이 어떠한 역할을 의무로서 부여받는다는 것이다.

한 개인이 역사나 공동체에서 주어지는 사회적 역할과 지위와 별개로—독립적으로— 존재하는 것이 아니기 때문에 책임 또한 가진다는 논리이다. 샌델은 《정의란 무엇인가》에서 이러한 논리를 통해 현 시점에 일본군국주의와 무관한 일본의 젊은 세대들이나 나치와 무관한 독일의 젊은 세대들이 후손으로서 책임감을 가져야 하는 이유를 설명한다. 또한 샌델은 자유주의 철학의 인간관인 무연고적 자아를 비판한다. 자유주의의 자유롭고 독립적인 개인은 공동체와 아무런 연고가 없는 자아라는 것을 전제로 논리를 전개하는데, 이 자체가 허구라는 것이다. 인간은 누구나 가족, 사회, 역사 등 공동체적 요소와 연고를 가지고 태어난다. 비록 우연에 의한 것일지라도 그것은 옳고 그름을 떠나 있는 그대로의 사실일 뿐이다. 이 사실을 부정하거나 초월하는 논리는 현실을 떠난 관념의 세계이다. 실제 몇몇 극단적인 자유주의자들은 이러한 관념을 현실로 만들기 위해, 인간의 가장 기본적인 연고인 가족부터 해체해야 한다고 주장하기도 한다. 하지만 이와 같은 주장이 구현 가능할지도 의문이고, 만약 가능하다 할지라도 가족이 존재하지 않는 보편적 삶이 이상적인 모습이라고 보기는 어렵다.

결국 온전하게 '자유롭고 독립적인 개인'은 없다. 그렇다고 '자유'라는 목적 자체를 포기하는 것은 아니다. 다만 전제가 뒤집힌 상태에서 어떻게 사회의 공동선과 개인의 자유를 동시에 실현할 수 있을지 고민해야 한다. 그 답이 현시대를 지배하고 있는 자유주의에 있지 않은 것만은 분명하다.

자본주의와 자유주의를 넘어서

자유주의가 그 자체의 내재적 결함과 한계들이 명확함에도 불구하고, 현시대를 지배하는 이유는 그것이 자본주의의 사상적 파트너로서 매우 적합하기 때문이다. 바꿔 말하면, 자본주의 체제에 가장 적합한 철학적 세계관이 자유주의이다. 자본주의가 시작되면서 자유주의가 항상 철학담론에서 주류를 차지했던 것은 아니지만, 서로 공유하는 가치가 맞닿아 있기 때문에 자본주의가 자유주의와 함께 공존해왔다고 보아도 무리가 없을 것이다.

　자본주의와 자유주의는 기본적으로 뿌리를 같이한다. 자본주의의 기본 전제는 '합리적 개인'과 '자유로운 시장'이다. 이 두 가지 전제가 흔들리면 자본주의의 근본 운영원리를 설명할 수 없다. 합리적인 개인이 자유로운 시장에서 경쟁을 통해 능력에 따라 재화를 분배하는 사회가 자본주의 체제이다. 자유주의는 이를 철학적으로 정당하게 설명하는 역할을 담당한다. 이를테면 존재론적으로 독립적 혹은 개별적 개인을 설정하여 '합리적인 개인'을 책임지는 것이다. 역사적으로 자본주의와 자유주의는 손을 맞잡고 인류 역사상 유래가 없었던 풍족한 시대를 열었다. 생산량을 막대하게 늘려 경제는 끝을 모르고 성장했고, 그 안에서 누릴 수 있는 자유는 달콤했다. 하지만 여기에도 한계가 있었고, 자본주의는 자체 동력으로 성장을 멈춘 지 꽤 오래되었다.

자본주의 자체에 내재된 착취구조는 인간성이 결여된 사회를 만들었고, 이는 자본주의를 안에서부터 갉아먹었다. 절대다수의 노동자들은 일을 많이 할수록 소외를 느끼고 가난해지는 기이한 현상을 경험해야 했다. 이와 같은 부조리는 자본주의를 안에서부터 무너뜨리기에 충분했고, 몇 차례 거듭된 경제공황을 통해 위험을 감지한 자본주의 시스템은 다른 대안을 고민해야 했다. 그래서 복지시스템을 도입하고, 자유로운 시장의 반대 개념인 국가의 개입을 통한 압축적인 성장과 선택적 분배를 시도하는 등 다양한 실험을 해왔다. 이와 더불어 자유주의도 변신을 도모했다. 개인의 절대적 자유가 아니라, 공화주의적 공동체 정신을 흡수하기도 했고, 포스트모던의 조류 아래 다원주의와 인권적 개념을 보충했다. 본래 정치의 영역에서 자유주의는 국가나 정부가 도덕적 견해에 있어서 중립을 취해야 한다는 입장이었는데, 이 도덕의 범주를 정하는 것에 있어 시대의 요구를 받아들이기도 했다. 미국의 노예제 폐지를 예로 들면, 당시 노예제도에 대해 연방정부가 입장을 명확히 정하지 않고 중립을 지켜야 한다는 것이 자유주의적 관점이었으나, 이를 넘어 노예제를 폐지해야 한다는 것이 기본적인 인권 규범이 된 시대를 받아들인 것이다.[47] 이처럼 자본주의와 자유주의는 파트너로서 충실히 각자의 역할을 해나가면서 황금의 시대를 이끌어왔다.

하지만 현 시점에서 자본주의와 자유주의는 모두 한계에 부딪치고 있다. 자본주의는 더 이상 고도성장과 풍족한 미래를 약속하지 않는다. 세계화를 통해 신자유주의 질서로 전 세계를 통합하려는 노력은 실패했고, 자본주의의 선도국인 미국과 영국은 신자유주의를 버리고 자국의 이익을 위한 경제정책을 선택했다. 트럼프가 말하는 강한 미국으로의 회귀도, EU를 탈퇴한 영국의 브렉시트도 이와 같은 관점에서 설명이 가능하다. 2008년 미국발로 터진 세계적 규모의 금융위기가 아직까지 수습되지 못하고 있는 것처럼, 금융 중심의 자본주의가 언제까지 지속될지도 미지수다. 자본주의는 공황이라는 폭탄을 언제나 숨기고 있다. 공황을 막으려는 국가나 정부의 개입도 미봉책에 불과하다. 당장 한국 사회만 보더라도, 자신의 대통령 임기 동안에만 꺼지지 않으면 된다는 식으로 부동산 거품이 일제히 꺼지는 것을 간신히 막고 떠넘기고 있다. 어느 순간 부동산 거품이 꺼지면 한국 사회는 혼란에 빠질 것이다. 머지않은 미래에 논란의 4차 산업혁명 시대

3장 자유주의를 넘어서는 진보를 꿈꾸다

가 왔을 때, 자본주의가 어떻게 살아남을 수 있을지 또한 장담할 수 없다. 자본주의의 미래는 불투명성으로 가득 차 있다. 미래는 이제 트럼프로 상징되는 과거로의 회귀를 택하거나, 자본주의를 넘어서는 체제를 고민하거나 둘 중 하나다. 현 상태를 유지하는 것은 선택지에 없다.

자본주의가 한계에 봉착하고 무너지고 있는 시점에선, 자유주의 또한 넘어서야 할 대상이다. 자유주의는 앞서 다룬 도덕적 딜레마를 비롯한 여러 현실적인 문제들에 대해 해답은커녕 문제의 원인조차 설명하기 어렵기 때문이다. 우선 인간에 대한 지나친 합리성과 독립성의 강조로는 결코 제3세계의 혼란이나 사회의 극단적 분열을 설명할 수 없다. 또한 세계 곳곳의 극우 대중영합주의 정치 세력 앞에서 자유주의는 무기력하다. 개인이 합리적인 선택을 하지 않아서, 시장이 온전히 자유롭고 공정한 경쟁을 담보하지 않아서라는 진부한 대답만 앵무새처럼 반복할 뿐이다. 애초에 개인은 합리보다는 욕망에 충실하기에 사회구성원 모두의 합리와는 공존할 수 없다. 그리고 시장은 자유롭고 공정한 경쟁이 아닌 독과점을 위한 이윤 추구만을 끊임없이 재생산할 뿐이다.

시대는 변화를 요구하고 있다. 이 변화가 자본주의를 처음부터 기획하고 복원하는 형태일지, 자본주의를 넘어서는 형태일지는 아직 알 수 없다. 하지만 자본주의보다 더 나은 세상이 가능하다고 믿는다면, 자유주의를 극복하려는 노력이 필요하다. 자본주의와 자유주의는 파트너다. 자본주의를 넘어서는 세상을 상상하려면 그 뒷받침이 되어주던 철학적 사상인 자유주의부터 재고해봐야 한다. 경제체제인 자본주의가 눈앞에서 현상적-물질적으로 무너진다면, 관념이자 사고의 틀인 자유주의는 머릿속에서부터 무너뜨려야 한다. 이를 위해선 모두가 당연하다고 믿는 사고의 틀부터 깨고 넘어서려는 노력이 필요하다.

자유는 벗어나는 것이 아니라 향하는 것이다

앞서 '온전히 자유롭고 독립적인 개인'은 없다는 주장을 다루었다. 그렇다면 인류의 오래된 꿈인 자유의 실현은 불가능한 것일까? 철학자 악셀 호네트는 '사회적 자유'라는 개념으로 자유의 실현을 도모하고자 한다. 그는 개인이 사회로부터 독립된 개념으로서 존재할 수 없다고 말하며, 사회 혹은 공동체 안에서의 개인을 자유의 주체로 삼는다. 개인주의적 자유가 사회와 별개의 독립된 개인을 주체로 삼는 것과 다르게, 애초에 사회 안의 개인을 주체로 설정한 것이다.

자유주의가 다루는, 사회와 분리된 개인을 중심으로 한 자유는 '개인주의적 자유'이다. 이러한 자유는 역사적 맥락에서 자유가 확대되기 위한 과정 속에서 유의미한 측면도 분명 존재하지만, 사회적 측면에서 일정한 한계를 지니고 있는 것도 사실이다. 왜냐하면 개인주의적 자유는 필연적으로 이기주의적 자유로 변모하기 때문이다. 개인을 주체로 한 자유의 관점에서 타인은 모두 그 자유를 구속하거나 침해하는 대상이 되어버린다. 자유의 확대라는 기준에서, 자신을 제외한 모든 타인은 객체의 지위를 갖는다. 이렇게 타인이 객체화되는 현상은 사회적으로 많은 불행을 야기한다. 사회 안에서 타인들과 함께 살아가야 하는 인간의 특성상, 타인을 객체화시키는 현상은 개개인을 고립시키기 때문이다. 결국 누구나 겉으론 자유롭지만, 사실 아무도 그 자유를 즐기지 못한다. 이는 고독한 자유이고, 외로운 자유이며, 소외된 개인만을 만든다.

하지만 사회적 자유는 개인주의적 자유의 한계를 극복할 수 있다. 개인적 자유가 사회나 구조로부터 탈피하는 개인의 욕망과 경향성이 있다면, 사회적 자유는 반대로 개인이 아닌 '우리'를 향해 있다. 사회적 자유는 인간이 사회의 공동선을 포괄하는 선택을 추구함으로써 얻어지는 자유이다. 하지만 이 자유가 사회적 의무를 충실히 수행하는 데 대한 대가라고 바라보면 곤란하다.

오히려 사회적 의무와 사회적 자유의 관계는 동일한 것으로 취급되며, 서로를 실현하기 위한 필요충분조건이 된다. 사회적 자유는 인간이 사회적 동물이고, 이 인간의 사회성을 최대한 실현하는 것을 목표로 한다. 어떠한 개인도 사회적 관계에서만큼은 자유로울 수 없다. 사회적 자유는 이 사실을 인정하고, 사회적 관계를 재설정하는 과정이 인간의 자유를 극대화하는 것이라는 현실적 요구에 따라 제기된다.

인간은 홀로 살아가지 않는다. 결국 자신의 자유가 극대화될수록 타인의 자유가 제약될 수밖에 없다. 자신의 욕망이나 타인에 대한 관용과 같은 개인 중심의 자유가 아니라, 사회의 자유를 위해 모두를 포괄하는 선택을 추구할 때 평등한 자유가 시작될수 있다. 이를 위해 필요한 건 '나'라는 주체에 대한 인식의 전환이다. '나'는 결국 '너'이며, '너'가 결국 '나'라는 사회적 관계를 인지해야 한다. 그래서 '나는 너', '너는 나'라는 사회적 관계 안에서 자유가 온전히 실현되며, 이 자유는 사회적 관계를 벗어나는 것이 아니라 오히려 사회와 공동체를 향해 나아가야 한다.

2. 삶과 진리, 그리고 새로운 진보

삶을 바꿔야 진보다

그나마 21세기에서 성공한 진보 정치인으로 브라질의 룰라 대통령을 꼽을 수 있다. 퇴임 이후의 얼룩진 삶과 불완전한 철학 사상은 차치하고, 재임 기간 그가 보인 성과와 지지도는 충분히 주목할 만하다. 룰라의 재임 기간에 브라질은 세계 경제 8위 국가로 도약했으며 그의 지지도는 최고 87%에 이르렀다.[48] "왜 부자들을 돕는 것은 투자라고 하고, 가난한 이들을 돕는 것은 비용이라고만 하는가?"로 대표되는 그의 복지 정책은 실제로 민중들의 삶을 바꿨기에 의미가 있다. 어떤 정책이 어떤 방식으로 경제 선순환과 복지 증진을 가능케 했는지도 중요하지만 정치적으로 더 큰 의미가 있는 것은 따로 있다. 그것은 그의 자세와 태도, 그리고 지지율이다. 아무리 세련되고 똑똑한 사람이 합리적 정책을 말하더라도 지지율 50%를 넘기기는 매우 어려운 일이다. 룰라는 세련됨과 매우 거리가 먼 사람이었다. 그는 초등학교 졸업이 마지막 학력인, 공장에서 일하다 새끼손가락을 잃은 노동자 출신 정치인이었다. 세련, 지성, 교양과는 거리가 먼 그의 삶은 브라질 민중들의 삶 그 자체였다. 그런 그가 자신의 삶을 바꾸고, 수많은 브라질 민중들의 삶을 바꾸었다. 중산층으로 도약한, 희망을 얻은 빈곤층이었던 민중들은 당연히 룰라를 지지했다. 심지어 룰라가 퇴임 후 수많은 부패 스캔들과 비리 혐의에 휩싸였는데도 지지율은 쉽게 사라지지 않는다. 자신의 삶을 바꾸고 희망을 준 사람을 어떻게 지지하지 않을 수 있겠는가. 이들에게는 윤리적 가치만이 중요한 것이 아니기에 부패 혐의가 드러나더라도 지지를 철회하지 않는 것이다. 이렇듯 룰라의 성공은 윤리적 가치와 합리성에 기댄 것이 아니다. 룰라의 성공 비결은 따로 있다. 바로 민중들의 '삶'에 다가가는 진짜 현실에 대한 비전이다. 그는 자유주의적인 가치, 태도 혹은 이상을 제시하지 않았다. 그저 실력과 현실의 재화가 그의 무기였다. 진보가 더 나은 현실적 이익과 비전을 제시하지 못하고, 실력을 입증하지 못한다면 대중들에게 선택받을 수 없다.

하지만 현실에서 진보를 지향하는 대다수의 사람들은 민중의 삶에 별 관심이 없다. 말로는 민중의 삶에 관심이 있다 할지라도, 결국 자신의 진보적 가치관을 더 우선시한다. 이는 민중의 삶과 진보적 가치관이 괴리되어 있음을 보여준다. 이러한 상태에서 실제 민중의 삶과 맞부딪쳤을 때, 소위 엘리트적 사고를 가진 진보주의자들은 혼란을 피할 수 없다. 예를 들어, 현실에서 노조 활동을 하는 노동자들은 자신들의 노동환경과 권익을 위해 투쟁하는 것이지 사회주의를 이룩하려고 투쟁하는 것이 아니다. 그들의 눈은 당장 자신들의 임금에 향해 있지, 고상한 사회주의에 대한 이상을 향해 있지 않다. 때문에 그들은 놀라운 단결의 힘으로 감동과 기적의 투쟁을 만들어내기도 하지만, 때론 이기적이거나 비윤리적인 모습을 보일 때도 있다. 이런 상황에서 책으로만 이념을 배우고, 자신의 이상을 구현하는 것이 가장 중요하다고 여기는 엘리트 진보주의자들은 극심한 실망감에 휩싸인다. 그리고 최악의 상황에선 이들을 비판과 비난의 대상으로 삼기도 한다. 평가와 별개로 투쟁 현장에서 잘잘못을 따지는 것은 진보를 현실에서 구현하고자 하는 이들의 몫이 아니다. 진짜 진보를 만들어내고자 한다면, 현실에서 민중의 삶을 실질적으로 더 낫게 변화시키는 것이 근본적인 진보적 이상향과 동일하다는 것을 깨달아야 한다.

개인적으로 도덕적인 삶, 윤리적인 삶을 살아가는 것과 세상을 바꾸는 것은 전혀 다르다. 그리고 현실은 진보주의자에게 이 선택을 종용한다. 선거철만 되면 언제나 '내 삶을 바꾸는' 후보가 등장한다. 하지만 대중들은 알고 있다. 진짜 삶을 바꾸는 진보만이 대중들에게 선택받는다.

3장 자유주의를 넘어서는 진보를 꿈꾸다

진리의 정치를 복원하자[49]

사실 포스트모던이라는 사상을 누구보다 앞서서 받아들이고 발전시킨 세력이 바로 지금의 진보진영이다. 포스트모던 자체가 진보진영에서 형성되고 발전한 사상이라고 말해도 큰 무리는 없을 것이다. 그리고 거듭해서 말했듯 포스트모던을 충실히 이어가고 있는 진보세력이 '리버럴'이라고도 불리는 자유주의 세력이다. 이들은 포스트모던을 적극적으로 받아들였고 이어나가고 있다. 그러나 이들의 외침은 세련되었지만 공허하고, 맞는 말만 하지만 변화는 없다. 큰 변화 없이 대중영합 보수세력과 권력게임만을 반복하고 있거나 존재감 없이 지속적인 실패와 시민의식 탓을 이어나가고 있다.

만약 새로운 진보를 위해 포스트모던 자유주의 정치사상을 거부한다면, 진보는 도대체 어떤 정치를 해야 할까. 어떤 철학이나 이념을 대안으로 지니고 정치에 뛰어들어야 하는 것일까. 이에 대한 답으로 프랑스 철학자 알랭 바디우가 말한 새로운 정치의 길, '진리의 정치'를 제안할 수 있다.

포스트모던의 시대에서 정치적 결정 과정은 '의견 정치'라고도 표현할 수 있다. 수많은 의견들이 표출되고, 충돌하며, 사라진다. 수많은 사람들과 세력들의 다양한 의견이 공존하고, 논의되면서 그중 합의되는 몇 가지가 정책으로 채택되는 과정을 특징으로 한다. 이는 매우 민주적이며 자유롭고 합리적인 과정인 듯 보인다. 그러나 이러한 '의견의 체제'에서는 어떠한 진리도 발견할 수 없다.

바디우는 정치를 지배-피지배 관계의 재정립과 새로운 삶의 조직 가능성을 가진 절차라고 본다. 그리고 정치적인 진리란 그러한 가능성을 보여주는 새로운 이념에서 드러난다고 말한다. 예를 들어 프랑스혁명이라는 사건은 '자유와 평등'이라는 이념과 그것을 확신하는 주체들의 실천을 통해 세계를 변화시킨 중대한 사건이다.

의견의 정치에 반대하는 것은 반민주적이며 전체주의로 빠질 수 있다는 비판을 피해가기 어렵다. 그러나 진리의 정치는 그렇지 않다. 미리 정해진 진리를 실현하자는 것이 아니라, 어떤 사건 속에서 충실한 실천을 통해 세계를 변화시키자는 것이기 때문이다. 진리를 말할 때 항상 직면하는 "그것이 도대체 있는 것이냐, 고정불변의 진리는 없지 않느냐" 하는 비판에도 '진리의 정치'는 손상되는 개념이 아니다. '진리의 정치'에서 진리는 무한한 것으로 결코 실현되지 않는 것이다. 무한한 진리가 실현되지는 않지만 유한한 법으로 지속해서 활성화되는 과정을 겪는다. 자유와 평등이 바로 그 대표적인 예이다. 무엇이 진정한 자유와 평등

265

인지는 언제나 논란이고 누구도 정답을 가지고 있지 않다. 하지만 21세기 대부분의 국가들은 항상 변하는 법이라는 제도를 통해 자유와 평등을 향해 나아가고 실현시키려 끊임없이 노력하고 있다. 그러면서 자유와 평등은 언제까지나 추구해야 하는 것, 충실한 실천으로 더 확대되어야 하는 것으로 남게 된다. 현대에서 자유와 평등은 보편적인 가치로서 진리로 인정받는다. 의견의 정치와의 결별은 자유와 평등이라는 진리에 더욱 가까운 정치를 가능케 할 것이다.

이를 이해하면 '의견의 체제' 비판을 충분히 받아들일 수 있게 된다. 지금의 정치, 포스트모던의 정치는 어떤 보편성도 전제하지 않는다. 제도에만 갇혀 내용이나 변혁을 담지 못한 채 규칙으로서의 정치만이 순환을 반복하고 있다. 의미 있는 정치 행위란 구체적인 정치적 이념과 진리에 충실한 것이다. 그런 정치 행위만이 비로소 긍정적이고 실질적인 변화를 일으킬 수 있다. 넓게 본다면, 정치적 행동이란 그 이념의 충실성으로 진리를 옳은 것으로 인정받기 위한 것이다. 정치는 끊임없이 운동하는 활발한 정치적 실천과 그것이 추구하는 내용 있는 가치가 함께 갈 때 유의미해질 수 있다. 따라서 진리의 정치가 구현되기 위해, 현 시점에서 가장 선행되어야 할 과제는 '의견의 체제'와의 결별이다. 의견의 정치를 실질적이고 유의미하게 만들기 위해서는 이념을 지닌 정치가 진리를 관철하기 위해 나아가는 발걸음이 필요하다. 주체의 실천이란 정치적 이념을 현실화하는 것이다. 맹목적이며 공허한 의견의 체제는 어떠한 변화도 가져올 수 없다. 모든 정치 행위가 선거에서의 투표로 환원되는 오늘날, 정치 구조는 사실상 다양한 의견을 지배적 구조의 재생산으로 연결시키는 보수적인 역할만을 수행할 뿐이다. 중요한 것은 의견과 그것들의 합의를 중심으로 구성된 지배적인 포스트모던 정치 시대에서 벗어나 보편적인 정치의 장을 열어나가는 것이다.

적어도 포스트모던 시대 이전에 정치는 진리나 이념과 무관하지 않았다. 본래 정치는 의견을 개진하고 조율하는 역할뿐만이 아니라, 현실에서 진리를 실현하는 것을 목적으로 삼았다. 다만 그 과정에서 패권적 주류가 나머지 소수의 의견을 무시하고 짓밟는 오류가 있었던 것이다. 이 오류를 해결하려면 정치에서 진리를 배제할 것이 아니라, 진리를 구현하기 위해 여러 의견을 공유하고 합쳐야 한다. 의견은 진리에 의해 생겨나는 차이일 뿐이다. '진리의 정치'는 결코 의견을 무시하는 것이 아니라 의견이 보여주는 차이에 개의치 않고 모든 사람들의 삶에 개입하는 것이다. 언뜻 보면 보편적 진리를 가정하는 철학처럼 보이지만, 그렇게 단정지을 수만은 없다. 진리는 확정적으로 단정할 수 없는, 변화하는 속성을 띠기 때문이다. 정치적 진리가 고정되고 현

3장 자유주의를 넘어서는 진보를 꿈꾸다

실에서 힘을 얻으면 그것은 악이 되며 폭력으로 변질된다는 것을 우리는 너무 잘 알고 있다. 그래서 진리는 열려 있어야 한다. 즉, 고정되지 않으며 항상 새로운 실천적 시도들을 통해 확장될 수 있는 것이다. 그렇게 진리는 풍부해지면서도 항상 실질적인 것으로 남는다. 영원을 향해 열려 있는 진리야말로 진리와 정치를 공존할 수 있게 만드는 가장 근본적인 전제가 된다. 이제는 정치가 다시금 진리를 말할 수 있어야 한다. '진리의 정치'의 복원이 새로운 진보가 말하는 포스트모던 정치에 대한 대안이 되어야 한다.

모든 권위가 해체된 듯 보이는 지금 시대에도, 자유와 평등만은 보편적 진리로 인정받는다. 그리고 언제나 추구해야 할 것으로 인정받는다. 자유와 평등의 개념은 시민혁명을 통해서 진리의 지위를 획득하며 인류사의 전환을 이루어냈다. 하지만 그 이후로 의견의 정치가 전개되기 시작하면서 자유와 평등이라는 보편적인 전제에서 더 나아가는 데에는 실패했다. 이제 우리는 다시금 더 보편적인 자유와 평등의 개념을 실현해야 한다. 개인주의적 자유에서 사회적 자유로, 형식적 평등에서 실질적 평등을 보편적 진리로 전환시키는 것이 필요하다. 하지만 이는 의견의 정치로는 가능하지 않다. 진리의 정치를 복원함으로써 우리는 보편적인 전제를 더욱 발전시킬 수 있다.

새로운 진보의 시작

여태껏 이 땅에 존재해왔던, '대한민국'이라는 나라의 진보는 실패했다. 아니, 적어도 아직까지는 성공하지 못했다.

구한말, 이 땅의 진보가 지향해야 했던 가치는 반외세-반봉건이었다. 하지만 반봉건에만 몰두한 개화파들은 일제에 '사대事大'하며 봉건사회를 부수고자 했고, 결과는 한일병탄이었다. 1905년, 을사조약으로 조선이 사실상 패망하면서 진보는 '독립'과 동시에 '건국'을 책임져야 했다. 이 건국은 '혁명성'을 담보해야 했다. 하지만 '독립'을 온전한 우리 힘으로 쟁취하지 못한 대가로 '건국' 또한 남의 힘을 빌려야 하는 결과를 초래했다. 해방 후, 진보는 '혁명정부'를 수립해야 했다. 그러나 각기 다른 꿈을 꾸던 정치세력은 분열했고, 정치세력의 '분열'은 영토의 '분단'을 낳았다.

이승만 정권 당시, 대한민국 진보 1세대가 탄생했다. 그들은 '진보당'이라는 '대중정치'로 '통일'을 지향했다. 그들은 유의미한 대중들의 지지를 표로 얻었지만, 당수인 조봉암이 간첩혐의로 사형당한 후 와해됐다. 이후 진보 2세대는 지하투쟁을 선택했다. 군부와 공안을 피해 지하조직을 만들고, 지하당을 건설해 후일을 도모했다. 그것밖에 할 수 있는 것이 없었다. 5.18광주항쟁 이후 많은 것이 변했고, 진보 또한 그러했다. 진보 3세대는 대중조직을 만들고, 대중 속으로 들어갔다. 대학에서 학생회를, 공장에서 노조를 건설했다. 대중투쟁이 곳곳에서 일어났고, 저항의 물결은 6월항쟁으로 이어졌다. 87년 체제 이후, 진보 3세대는 민주개혁세력이라는 이름으로 기득권이 되었다. 진보 4세대가 곧 등장했고 이들은 젊었다. 대한민국 학생운동은 전성기를 맞았고, 이들은 진보를 대중정치 영역에 다시 등장시키는 것에 성공했다. 수구세력과 보수기득권 사이에서 진보대중정당을 제3당의 위치에 끌어올리기까지 했다. 하지만 이들 또한 곧 실패했다. 유일한 원내진보정당이었던 민주노동당은 '분열'되었고, 그 뿌리를 같이 한 통합진보당은 '해산'당했다. 이후 등장한 진보정당들은 원내에서 유효한 정치세력이라는 것에 만족하며 민주개혁세력과 연합해 입각하는 것에 목표를 두거나, 소수의 진보 의제를 사회에서 말하는 것에 의의를 두는 정도다. 몇몇 젊은 세대를 중심으로 한 정치세력이 새로운 발걸음을 내딛고 있지만, 아직 걸음마 수준이다. 선거를 통해 세상을 바꿔야 할 텐데 가능성이 보이는 진보정당은 없다. 세상이 근본적으로 바뀔 것이라는 희망은 점점 요원해지고, 꿈은 꿈으로만 남을 것 같다. 안타깝지만 대한민국 진보는 실패했다. 아니, 적어도 아직까지는 성공하지 못했다.

한국 사회가 헬조선이라고 불리는 원인은 1차적으로 이 시스템을 만들고 유지한 보수기득권에 있겠지만, 그 책임은 진보에 있다. 바꾸는 것, 더 나은 세상을 보여주는 것이야말로 진보의 역할이 아니던가. 이런 암울한 상황을 타개할 '새로운 방법' 같은 건 없다. '방법' 정도로는 부족하기 때문이다. '새로운 방법'이 아니라, '새로운 세대'가 필요하다. 이 땅의 진보를 책임질 새로운 세력, '진보 5.0'이 등장해야 한다. 이른바 한국 사회 진보의 세대교체다.

지금이야말로 새로운 생각이 대두되고, 새로운 진보가 등장해야 할 시기다. 책 속에 머물며 옳은 말만 하는 진보가 아닌, 삶에 다가가는 진보가 필요하다. 의견이 선택받기만을 기다리며 공허한 외침을 반복하는 '의견의 정치'와 결별하고 보편적인 대전제를 발전시키는 '진리의 정치'가 필요하다. 중요한 것은, 이 둘은 결코 다르지 않고 떨어질 수 없다는 것이다. 결국 진리는 삶 속에 있다. 정치의 본질은 사람들의 삶을 나아지게 하는 것이다. 자유니 평등이니 하는 가치들도 결론적으론 더 나은 삶을 위한 개념이다. 고대의 노예들은 해방되어 더 나은 삶을 누리게 되었고, 중세의 농노들은 봉건제를 타파해서 시민이 되었고, 여성은 참정권을 얻고 흑인들은 동등한 인간으로 인정받았다. 이 과정에서 수많은 가치와 이념, 이론이 등장했다. 이들은 모두 인류에게 새로운 대전제—자기결정권, 재산권, 남녀평등, 인종평등, 자유—를 부여했다. 즉, 진리를 선사한 것이다. 지금 시대에서 새

3장 자유주의를 넘어서는 진보를 꿈꾸다

로운 내일로 나아가는 과정도 마찬가지이다. 삶을 바꿀 수 있는 진리만이 더 나은 시대로의 전환을 가능하게 한다. 진리는 결코 닫혀 있는 것이 아니다. 모두의 더 나은 삶을 위해, 더 충실히 봉사할 수 있는 진리가 있다면 세상은 변할 수 있다. 새로운 세대가 기존의 전제들을 의심하고, 내일의 진리를 고민하기 시작할 때 변화는 시작될 것이다. '새로운 생각'을 위한 첫 출발로 '낡은 생각'을 부수어야 한다. 포스트모던을 극복한, 자유주의—리버럴—와 다른 '새로운 진보'만이 세상을 변혁할 수 있다.

에필로그

'새로운 진보'에 대한 첫 번째 고민을 마치며

1

스무 살, 대학에 들어와서 학생운동을 시작했습니다. 처음 학생
운동을 하기로 마음먹었을 때, 큰 꿈에 부풀어 있었습니다. 동경
하던 누군가처럼 10년이면 세상을 바꿀 수 있을 것이라고 믿었
습니다. 그리고 어느새 9년 차가 되었습니다. 하지만 세상은 별
로 변하지 않았습니다. 오히려 거꾸로 돌아간다는 생각이 들 때
가 더 많았고, 작은 승리에 기뻐하고 또 작은 실패에 실망하며 일
희일비를 반복했습니다. 물론 9년이 그리 길지 않고 수많은 선배
들이 그 몇 배의 시간을 더 나은 세상을 위해 살아오셨다는 것을
알고 있지만, 고민이 깊어졌습니다. 과연 이렇게 사는 것이 맞는
것일까, 이렇게 해서 세상이 바뀌긴 하는 것일까.

사실 답답할 때가 많았습니다. 하는 일마다 제대로 되는 일이
없었고, 함께 세상을 바꿔보자고 다짐했던 동료들의 대다수가 이
자리를 떠났습니다. 그중에는 제게 먼저 손을 내밀었던 선배도
있었고, 제가 함께하자며 손을 잡았던 후배도 있었습니다. 이유
야 모두 제각각이지만, 근본적으로 '세상이 바뀔 것 같지 않아서'
라는 생각 때문일 것이라 추측합니다. 떠나는 사람들을 적극적으

275

로 부여잡지 못한 것은, 저 역시 세상이 반드시 바뀔 것이라는 확신이 없어서였을 것입니다. 그래서 생각을 정리하고, 확신을 만들어가는 과정이 필요했습니다.

평소 공부를 좋아하진 않지만, 나름 책도 열심히 읽고 후배들과 열띤 토론도 했습니다. 세상이 바뀌기 위해선 무엇이 필요할까, 더 나은 답을 찾기 위해 고민했습니다. 그러나 많이 부족합니다. 앞서 이러한 고민을 대신해준 수많은 선배들과 지식인들이 없었다면, 이 정도 결과물도 내지 못했을 것입니다. 그럼에도 불구하고, 한국 사회 진보의 새로운 세대를 위해 요구되는 하나의 과정에 도전하고 싶었습니다.

아직 모든 고민이 정리된 것도, 철학적으로 적들의 논리를 모두 격파하지도 못했습니다. 하지만 이 책에 담긴 우리의 생각이, 더 나은 세상을 향해 싸우기 위한 하나의 무기가 될 수 있다고 생각합니다. 세상은 쉽게 바뀌는 것 같지 않습니다. 하지만 분명한 건, 더 나은 세상을 위해 싸우는 사람들이 아직 많다는 것입니다. 그리고 그들과 함께 새로운 진보와 더 나은 세상은 머지않은 미래에 가능할 것이라 믿습니다. 저희의 고민들이 그 과정에서 조금이라도 보탬이 될 수 있었으면 좋겠습니다.

김창인

2

어떤 기발한 일을 벌여 대중의 이목을 한데 모을 수 있는 사람이 독창적인 인물은 아니다. 그는 단순히 주목받길 원하는 사람이다. 독창적인 사람의 특징 중 하나는 이미 모든 사람들의 눈앞에 있으나 아직 알아차리지 못해 이름조차 가지지 못한 것을 알아볼 수 있는 눈을 가지고, 나아가 그것에 새로운 이름을 부여할 수 있는 능력을 가졌다는 점이다. 이름이 주어지고 비로소 그것이 실제로 존재함으로써 인간은 깨닫게 된다. 그렇게 새로운 세계의 일부가 탄생한다.

- 프리드리히 니체

이 책 본문 첫 문장은 "세상은 스스로 나아지지 않는다"입니다. 새로운 시대는 알아서 찾아오지 않습니다. 더 나은 세계는 세대가 바뀌고, 사상이 전복될 때 등장합니다. 하지만 그것은 단순히 젊고, 신선한 말을 하는 사람들의 등장만으로 가능한 것이 아닙니다. 니체의 말처럼 위기와 기회는 불현듯 우리 앞에 다가옵니다. 그리고 바로 그때 어떤 '사건'이 발생합니다. 그 사건을 통해서, 다가오는 무언가에 이름을 부여할 수 있는 사람이 바로 새로운 세계를 탄생시키는 것입니다. 청년들은 준비되어 있어야

277

합니다. 기성세대가 만들어놓은 이 세상에 안주하지 않고 다가오는 새로운 세상을 바라볼 수 있어야 합니다. 누가 정답일지는 알 수 없지만 저마다의 언어로 이름을 부여할 수 있어야 합니다. 그리고 전환의 사건을 알아채고 그것에 충실할 수 있어야 합니다. 새로운 세계는 새로운 세대에게 이름을 선사받고, 부름을 받아야 찾아옵니다. 청년들이 언젠가는 낡을 지금의 사상에 매달려 더 나은 생각을 할 준비조차 안 되어 있다면 변화는 요원할 것입니다.

스물셋이라는 나이로 덮기에는 너무나도 부끄러운 글입니다. 하지만 좋든 싫든 이 책은 제 인생에서 첫 이정표가 될 것입니다. 다시 되돌아올 수도, 다른 길을 찾게 될 수도 있을 것 같습니다. 그렇더라도 이 이정표만은 여기에 남아 올바른 목적지를 향하기 위한 소중한 밑거름이 되어줄 것이라 믿습니다.

이현범

3

대학에 들어온 이후 줄곧 학생운동 단체에 몸담고 있었습니다. 여러 단체에서 활동하면서 느낀 활동가들의 공통점이 있었는데, 남의 시선에 신경을 너무 많이 쓴다는 점이었습니다. 더 정확히

278

말하자면, 변혁 대상의 논리로 우리 스스로를 재단했습니다. 너무 오랜 시간 동안 이명박-박근혜 정권 시기를 거쳤으니 그럴 수밖에 없었다는 생각도 듭니다.

이명박과 박근혜가 지나간 자리에 남은 것은 독재, 그리고 재벌과 지주 들만을 위한 국가차원의 구조조정이었지만, 저는 그것이 전부라 생각하지 않습니다. 가장 중요한 것은 그들의 '생각'이 우리 모두의 머릿속에 뿌리내렸다는 것입니다. 그들의 생각이 우리를 병들게 했습니다. 스스로를 소위 양심적인 시민, 진보적인 시민, 세월호를 기억하는 사람이라고 지칭하는 이들도 마찬가지였습니다. 자신이 반대하는 사람 혹은 세력의 논리를 체화했고, 그들의 행동에 반대했지만 그들의 생각 자체에는 반대하지 못했습니다. 오히려 그들의 눈밖에 나는 것을 반대했습니다. '합리'라는 이름으로 말입니다. 물론 그것이 진정 합리인지도 의문입니다.

작년 가을이었습니다. 100만 명이 넘는 사람들이 모인 광화문 광장 한복판, 100만명 중 99만 명은 구호 몇 마디로 세상이 바뀌고 유명 가수의 콘서트를 보는 것으로 세상이 바뀐다 믿는 것 같았습니다. 그리고 소외된 거의 모든 사람들의 이야기는 박근혜 탄핵이라는 대의를 위해 제쳐두자고 했습니다. 재벌과 건물주와 고위관료를 제외한 거의 모든 사람들이 착취당하고 억압받

279

는 국가에서, 진짜 대의가 무엇인지 의문이었습니다. 진보는 마치 먹고살 만한 도시사람들의 실체 없는 낭만에 머물러 있는 것처럼 보였습니다. 이후에 치러진 대선 역시 마찬가지였습니다. 노동자의 권리, 성소수자들의 권리 등, 세상을 살아가는 사람들의 실체는 부정당하고 추상적인 정의와 대의만이 환영받았습니다.

박근혜가 구치소로 가고 문재인이 대통령이 되어도 여전히 집회는 평화적으로 선량한 시민들의 이동을 방해하지 않는 선에서 해야 하고, 노조는 극렬주의 귀족들의 연합이고, 빨갱이는 빨갱이입니다. 기성세대들의 정의가 실현된 지금 사회의 모습이 이렇습니다. 정권이 교체되어도 교체되지 않는 기득권자들의 논리 속에서 존재를 인정받으면 그것으로 정의가 실현되고 국가다운 국가가 만들어진다고들 믿습니다.

바뀌어야 하는 것은 정권 이전에 사회입니다. 대통령과 국회의원을 뽑는 사람들이 바뀌지 않았는데 정권이 바뀌면 무엇이 바뀔까요? 변하지 않을 것입니다. 진짜 세상을 바꾸기 위해서는 사람이, 생각이 바뀌어야 합니다. 그렇기에 주류담론을 비판하는 일이 지금 시대가 요구하는 일이라 생각했습니다.

"나 예전에 민주화 운동했다"면서 지금의 진보운동을 쉽게 깎아내리는 기성세대들, 자본주의는 이래서 안 되고 사회주의는 이

280

래서 안 되니 사회자유주의하자, 사회민주주의하자, 하며 무책
임한 말을 쉽게 내뱉는 정치권과 그 근처의 유명인사들, 그리고
밀려드는 기성세대의 생각을 그저 받아들일 수밖에 없는 우리 젊
은 세대들에게 말하고 싶었습니다. 그 생각은 가짜고 허위고 위
선이라고. 그 생각으로는 아무리 진보적이어도 기득권에 기여할
수밖에 없다고, 진짜 세상을 바꾸는 생각은 그게 아니라 이거라
고 말입니다. 그리고 세상을 바꾸려 노력하는 수많은 훌륭한 분
들께도 보여드리고 싶었습니다. 더 이상 남들의 생각으로 우리를
옭아매지 말자고 말입니다.

　책을 내는 게 많이 부끄러웠습니다. 살면서 공부를 제대로 해
본 경험이 그리 많지도 않고, 대학에 온 이래 무책임하게 살아온
기억만 있었기에 더욱 쉽지 않았습니다. 그럼에도 제가 할 수 있
는 일이라면 해야 했기에, 미래의 부끄러움을 무릅쓰고 몇 가지
생각을 적었습니다. 이 책으로 '진정으로 사회를 개선'하는 일에
도움이 되기를 바랍니다.

전병찬

281

주

1   신승환, 《포스트모더니즘에 대한 성찰》, 살림, 2003.

2   김동규, 《멜랑콜리 미학》, 문학동네, 2010.

3   이 소제목은 《희망의 사회 윤리 똘레랑스》(하승우)와 《관용》(웬디 브라운)을 참고
하였다.

4   1955~. 프린스턴 대학에서 정치철학 박사학위를 받고, 현재 캘리포니아 대학
버클리 캠퍼스 정치학과 교수로 재직 중.

5   1771~1858. 영국의 사상가·사회주의자. 자신의 사상을 일컬어 최초로 '사회
주의socialism'라는 용어를 사용하였다.

6   이형주, 〈승무원 "구조 급하다"… 청해진해운 "화물은?"〉, 《동아일보》, 2014년
5월 21일 자.

7   분신정국은 1991년 4월 26일부터 같은 해 6월 29일까지 대한민국의 대학생 단
체를 중심으로 진행된 반정부 항의시위 및 그로 인한 정치국면을 일컫는 말이
다. 분신이 주된 항의 방법으로 사용되었다. 이 기간 동안 10명의 시위 참여자
가 분신, 1명이 투신, 2명이 경찰폭력으로 사망했다.

8   문재인 정부 출범 이후, 세월호 유가족들에 대한 처우는 훨씬 나아졌다. 하지만
세월호 사건의 진실은 아직 밝혀지지 않았고, 한국 사회는 세월호의 트라우마
에서 벗어나지 못했다. 세월호 이후 전혀 달라진 대한민국을 고민해야 하는 과
제는 여전히 남아있는 것이다.

9   International Monetary Fund. 국제통화기금.

10   김삼웅, 《노무현 평전》, 책으로보는세상, 2012.

11   유시민, 《후불제 민주주의》, 돌베개, 2009.

12   2017년 10월 문재인 대통령은 신고리 원전 5, 6호의 건설 중단 대선 공약을 스
스로 폐기했다. 정부는 원전 문제가 논란에 휩싸이자 공론화위원회의 숙의민주
주의, 즉 토론을 통해 민주적 합의로 이 문제를 해결하자고 했다. 그런데 공론

화위원회는 탈원전의 방향성은 유지하되 신고리 5, 6호 건설은 재개하자는 엉뚱한 결론을 냈고, 문재인 대통령은 공론화위원회의 결정사항을 지지하고 존중한다는 입장을 발표했으며, 언론들은 낯 뜨거울 정도로 '민주주의의 위대함'을 극찬했다. 하지만 같은 날, 12년 동안 송전탑을 반대하며 싸워온 밀양 주민들은 울분을 터뜨렸다. 공론화 과정에서 이들의 목소리와 주장은 철저히 배제됐다. 심지어 직접적인 피해를 볼 주민들이 공론장에 참여할 기회조차 없었다. 공론화위원회의 결정은 더 이상 밀양 주민들이 송전탑을 반대하지 못하는 결과를 초래했다. 지금까지 '환경과 안전과 생존'의 문제였던 그들의 투쟁이 이제는 '민주주의에 반하는 행동'으로 인식될 것이기 때문이다. 노무현 정권이 '아마추어'라면, 문재인 정부는 '프로' 같다. 하지만 그 본질은 변하지 않았다. 보다 더 세련되고 화려하게 쇼맨십을 곁들인 정치를 하고 있을 뿐이다. 문재인 대통령은 대선 공약을 어겼고, 밀양 주민들은 고통 받을 것이다. 하지만 문재인 대통령은 젠틀한 정치인 이미지를 강화했다. 일련의 상황은 지금 우리가 포스트모던−리버럴 정치를 극복해야 하는 이유를 잘 보여준다.

13 권승준 외, 〈낮엔 反彈, 밤엔 贊彈〉, 《조선일보》, 2017년 3월 2일 자.

14 강준만, 《선샤인 논술사전》, 인물과사상사, 2007.

15 국가법령정보센터가 공개한 노동조합 및 노동관계조정법(약칭 노동조합법). [시행 2014.5.20.] 법률 제12630호, 2014.5.20.

16 김연주, 〈전교조, 해직교사 9명이 누구길래 법외노조 위험까지 무릅쓰나〉, 《조선일보》, 2015년 6월 2일 자. 기사에 따르면 이들은 교육감 선거, 사립학교 재단 퇴진 운동, 학교장의 우열반 운영, 사관학교식 벌점제도 반대활동 등으로 해직되었다.

17 전교조 공식 홈페이지 참고.

18 최명규, 〈국민 상대로 '위안부 합의' 내용 속인 외교부. 실제 합의문, '일본 10억 엔

출연' 조건만 충족되면 '최종 해결' 명시〉, 《민중의소리》, 2016년 10월 16일 자.

19 국립국어원 《표준국어대사전》 풀이 참고.

20 소포클레스, 《그리스 비극》, 조우현 옮김, 현암사, 2006.

21 김욱, 《교양으로 읽는 법이야기》, 인물과 사상사, 2007.

22 편집부, 《철학·종교사상의 제문제》, 한국학중앙연구원, 1990.

23 플라톤, 《에우티프론, 소크라테스의 변론, 크리톤, 파이돈》, 박종현 옮김, 서
    광사, 2003.

24 같은 책.

25 1817~1862. 미국의 문학가이자 철학자. 대표작으로 《월든》이 있다.

26 사람 머릿수에 맞추어 걷는 세금. 즉, 한 사람당 일률적으로 부과되는 세금. 현
    재 전 세계적으로 인두세를 찾아보기 힘들며, 대한민국에서는 지방세로 징수되
    는 주민세가 인두세의 특성을 띤 세금이다.

27 헨리 데이비드 소로, 《월든》, 김율희 옮김, 보물창고, 2015.

28 1921~2002. 미국의 철학자, 《정의론》의 저자.

29 박세준, 〈가습기살균제 판결이 너무해, 일벌백계한다더니 '백죄일벌'〉, 《주간
    동아》, 2017년 1월 18일 자.

30 전성훈, 〈檢 '옥시 증거은폐 의혹' 김앤장 '무혐의' 결론… 윤리 논란 계속〉, 《연
    합뉴스》, 2016년 9월 4일 자.

31 한홍구, 〈김기춘(傳), 법 주무르며 누린 '기춘대원군'의 40년 권력〉, 《한겨레》,
    2013년 12월 27일 자; SBS, 〈엘리트의 민낯: 우병우 전 수석과 청와대 비밀노
    트〉, 《그것이 알고 싶다》, 2017년 1월 7일 방송.

32 1927~2001. 박정희 정권에서 법무장관, 중앙정보부장, 대통령 특보 등을 지
    냈다.

33 문세광은 1974년 8월 15일 광복절 경축행사가 열린 국립극장에서 박정희 대통

령을 저격하려 했으나 실패하고 영부인 육영수를 저격하였다. 4개월이 지난 12월 20일 사형을 집행하였다. 실제 육영수가 문세광이 쏜 총탄에 사망하였는지에 대해서는 아직도 의견이 분분하다.

34 14대 대통령선거를 이틀 앞둔 1992년 12월 16일, 전 법무부장관 김기춘이 부산에서 부산시장·검사장·경찰청장·안기부지부장·교육감·기무부대장·상공회의소장 등 기관장을 모아놓고 노골적으로 지역감정을 부추겨 민자당 김영삼 후보를 지원할 것을 모의한 사건. "우리가 남이가" 등 당시 김기춘이 한 발언은 한동안 장안의 화제가 되었다. 정치권이 주도하여 지역감정을 부추긴 대표적인 사건이다.

35 대표적으로는 1975년 11월 22일 중앙정보부가 발표한 '학원침투 북괴간첩단' 적발사건이 있다. 이 사건의 주요 피해자들은 재일동포였고 사건 관련자들은 부산대·서울대·한신대에 유학중이거나 이들과 친하게 지낸 재학생들이었다. 부산대로 유학 온 김오자라는 젊은 재일동포 여학생은 정권에 반하는 내용을 유인물로 만들어 배포했다. 이에 당시 중앙정보부는 재일동포 유학생들을 무더기로 붙잡아가 조사를 했다. 당시 한국에 와 있던 재일동포 유학생은 200~300명에 불과했는데 이 사건 하나만으로 전체의 10%가량이 한꺼번에 간첩으로 몰렸다. 김오자 등은 수사과정에서 엄청난 고문을 당했다고 한다.

36 1991년 4월 26일 명지대생 강경대가 시위 도중 전경들에게 맞아 죽는 사건이 발생했고, 이에 노태우 살인정권의 퇴진을 요구하며 학생들의 분신이 연이어 발생했다. 5월 8일에는 재야단체의 연합조직인 전민련 사회부장 김기설이 서강대에서 분신·사망했다. 당시 정부와 수구세력은 이러한 분신에 조직적 배후세력의 개입이 있다는 희한한 주장을 내놓았다. 검찰은 김기설의 유서를 전민련 동료인 강기훈이 대필했다면서 강기훈을 구속했다. 징역 3년을 선고받고 만기 복역한 강기훈은 2015년, 24년 만에 무죄를 대법원에서 확정받았다.

285

37   길진균 외, 〈심상정 "헌법 밖 진보 결코 용납될 수 없어"〉, 《동아일보》, 2013년 9월 2일 자.

38   윤나영, 〈대한민국 '임대왕'은 누구?…광주 거주 60대, 2312채 보유〉, 《아시아경제》, 2014년 9월 22일 자.

39   노현웅, 〈한국 '평등한 나라' 순위 18위에서 27위로…새 지니계수 신뢰성 얻을까〉, 《한겨레》, 2017년 3월 6일 자.

40   경제협력개발기구(OECD) 홈페이지 참고.

41   데일리뉴스팀, 〈브루나이 세뱃돈 600억원 준다…부탄의 국민행복지수는?〉, 《한국경제TV》, 2016년 3월 22일 자.

42   〈권리장전〉에는 의회가 왕으로부터 독립하는 권한을 획득한 것 외에도, 현대적 인권개념의 확립에 영향을 끼쳤던 조항들이 명시되어 있다.

43   구정은, 〈살해될 확률이 백인의 6배…통계로 본 미국 흑인들의 현실〉, 《경향신문》 2014년 11월 27일 자.

44   손제민, 〈미국 흑인가정이 지금의 백인가정만큼 부자 되려면 228년 걸린다〉, 《경향신문》, 2016년 8월 10일 자.

45   여기서 반폭력의 개념은 프랑스의 철학자 에티엔 발리바르의 견해를 단순화하여 소개한 것이다.

46   조선총독부의 집계는 이와는 다르게 106만 명이 참가하여 진압 과정에서 553명이 사망, 1만 2,000명이 체포되었다고 주장하고 있다. 실제 규모는 두 통계의 중간 정도라 짐작하는 것이 일반적이다.

47   마이클 샌델, 《민주주의의 불만》, 안규남 옮김, 동녘, 2012.

48   브라질 여론조사기관 IBOPE 자료.

49   소제목은 서용순, 〈의견의 정치에서 진리의 정치로〉, 《중앙대 대학원 신문》, 2013년 4월 3일 자를 참고하였다.

참고 문헌

이 책은 세 명의 청년이 수많은 책과 기사의 도움을 받아 만들 수 있었습니다. 좋은 책들을 참고해 그 내용을 요약 및 발췌한 것에 저희의 생각을 더했습니다. 특히 이병창 교수님과 슬라보예 지젝, 악셀 호네트의 생각을 빌렸습니다. 세 명의 청년들이 조금 더 깊이, 많은 사유를 할 수 있도록 도움을 주신 모든 분들께 감사드립니다.

가야노 도시히토, 《폭력은 나쁘다고 말하지만》, 임지현 옮김, 삼화, 2012.

공진성, 《폭력》, 책세상, 2009.

구민정·권재원, 《민주주의를 만든 생각들》, 휴머니스트, 2011.

김경희, 《공화주의》, 책세상, 2009.

김동규, 《멜랑콜리 미학》, 문학동네, 2010.

김비환, 《이것이 민주주의다》, 개마고원, 2013.

김삼웅, 《노무현 평전》, 책으로보는세상, 2012.

김욱, 《교양으로 읽는 법 이야기》, 인물과사상사, 2007.

김욱, 《법을 보는 법》, 개마고원, 2009.

남경태, 《현대 철학은 진리를 어떻게 정의하는가》, 두산동아, 1998.

마이클 샌델, 《민주주의의 불만》, 안규남 옮김, 동녘, 2012.

박길성, 《IMF 10년, 한국 사회 다시 보다》, 나남출판, 2008.

박홍순, 《히스토리아 대논쟁 3》, 서해문집, 2008.

사카이 다카시, 《폭력의 철학》, 김은주 옮김, 산눈, 2007.

슬라보예 지젝, 《전체주의가 어쨌다구?》, 한보희 옮김, 새물결, 2008.

슬라보예 지젝, 《잃어버린 대의를 옹호하며》, 박정수 옮김, 그린비, 2009.

슬라보예 지젝, 《폭력이란 무엇인가》, 이현우 외 옮김, 난장이, 2011.

슬라보예 지젝, 《새로운 계급 투쟁》, 김희상 옮김, 자음과모음, 2016.

슬라보예 지젝 외, 《레닌 재장전》, 이현우 외 옮김, 마티, 2010.

287

아리스토텔레스, 《니코마코스 윤리학》, 조대웅 옮김, 돋을새김, 2008.

악셀 호네트, 《사회주의 재발명》, 문성훈 옮김, 사월의책, 2016.

연구모임 사회비판과대안, 《포스트모던의 테제들》, 사월의책, 2012.

웬디 브라운, 《관용》, 이승철 옮김, 갈무리, 2010.

유시민, 《후불제 민주주의》, 돌베개, 2009.

이병창, 《굿바이! 아메리카노 자유주의》, 도서출판말, 2014.

이병창, 《청년이 묻고 철학자가 답하다》, 도서출판말, 2015.

이병창, 《현대 철학 아는 척 하기》, 팬덤북스, 2016.

이충진, 《세월호는 우리에게 무엇인가》, 이학사, 2015.

장영수, 〈권력분립의 역사적 전개에 관한 연구〉, 《고려법학》 58권, 고려대학교 법학
연구원, 2010.

차기벽, 《간디의 생애와 사상》, 한길사, 2004.

최갑수, 〈서양의 민주주의: 이념과 변용〉, 《역사와 현실》 제87호, 한국역사연구회,
2013.

최병권·이정옥, 《세계의 교양을 읽는다》, 휴머니스트, 2006.

최장집, 《민주화 이후의 민주주의》, 후마니타스, 2002.

하승우, 《희망의 사회 윤리 똘레랑스》, 책세상, 2003.

홍승직, 《대학 중용》, 고려원북스, 2005.